法人税 & 所得税 まるごと解説！

賃上げ促進税制の手引き 四訂版

人材確保等促進税制
所得拡大促進税制

税理士 安井 和彦 著

4th Edition

税務経理協会

四訂版　はしがき

　賃上げ促進税制は，平成25年に所得拡大促進税制として導入された税額控除制度で，個人所得の拡大を通じた消費喚起によって経済成長を促すことを目的として，事業者の給与支給額の増加を促す措置として給与等支給額等を増加させた場合に，その増加額の一定割合の税額控除を認めるというものです。

　制度はその後，たびたび改正され，令和3年度の税制改正では，中小企業においては給与の支給総額を基準に税額控除の金額を計算するという制度の枠組は維持されていますが，大企業においては新規雇用者に対する給与の支給額を基準に税額控除の金額を計算するという仕組みが導入されました。

　コロナウィルス感染症の流行のため，雇用機会が減少したことに対する税制上の対策ということができます。

　当初の制度とはその姿を大きく変えたと言ってもよいでしょう。

　本書で四訂版ということになりますが，初版を出した平成28年のことを振り返ってみると，国全体の経済政策が個人所得全体の拡大という方向性を欠く中での政策的な制度であるので，租税特別措置法による制度ではあるものの，この制度はしばらく続くであろうと思ったのを思い出します。

　また，この制度は，例えば，継続雇用者給与等支給額，継続雇用者比較給与等支給額の意味が改正で変更になる等，非常に難解な仕組みになっています。

　令和3年度の改正においても，新規雇用者給与等支給額，新規雇用者比較給与等支給額という改正前にはなかった用語が用いられ，また，雇用者給与等支給額，比較雇用者給与等支給額の意味も改正前のものから変更になっています。

　このように，制度の仕組みが難解であるということは，法人税や所得税の計算の実務に従事する会計担当者や税理士等に大きな負担になっているように思います。

　この制度は，確定申告書等に記載した数額を基準に税額控除を認めるというものであり，税額控除をしなかった場合における代替的な救済措置がありませ

ん。換言すると，法人税や所得税の計算の実務に従事する者が負うことになる
責任は非常に重いということであり，この制度の適用をしなかったということ
で税理士が損害賠償責任を問われたという事例もあるようです。

　このような認識で，この制度を正確にかつ極力わかりやすく解説することは，
この制度が適用になる企業の実務担当者の負担の軽減に役に立つのではないか
と考えて四訂版を世に送り出すことにしました。

　本書では，個々の用語について，正確かつわかりやすい説明となるように配
意したことは旧版と同じですが，もっと図による説明を多くしてほしいという
多くの読者の要望に応え，可能な限り多くの図による説明を取り入れています。

　1人でも多くの適用該当者が，実際にこの制度を適用することができるよう
になることを願っています。

　なお，本書は令和3年度の税制改正による改正後の制度を解説したものです
が，令和4年度の税制改正においても再度改正が予定されているようです。税
額控除の割合を増やすことも，歓迎すべきことですが，制度を現在よりもわか
りやすいものにすることも大事なことのように思います。

　令和4年1月

　　　　　　　　　　　　　　　　　　　　　　　　　　　　安 井 和 彦

目　次

はしがき

【第1部】法人税編

1　人材確保等促進税制・所得拡大促進税制（令和3年4月1日以降に開始する事業年度）

Ⅰ　所得拡大促進税制とは　*5*

Ⅱ　所得拡大促進税制の概要（令和3年4月1日から令和5年3月31日までの間に開始する事業年度）　*6*

Ⅲ　設例　*16*

Ⅳ　各用語の意味　*29*

　1　国内雇用者　*29*

　2　国内新規雇用者　*33*

　3　新規雇用者給与等支給額　*37*

　4　雇用安定助成金額　*42*

　5　新規雇用者比較給与等支給額　*43*

　6　雇用者給与等支給額　*48*

　7　比較雇用者給与等支給額　*51*

　8　調整雇用者給与等支給増加額　*54*

　9　控除対象新規雇用者給与等支給額　*54*

　10　控除対象雇用者給与等支給増加額　*56*

　11　教育訓練費　*60*

　12　比較教育訓練費　*64*

　13　中小企業者等（措法42の12の5②）　*66*

　14　調整前法人税額　*67*

V　措置法42条の12（地方活力向上地域等において雇用者の数が増加した場合の法人税額の特別控除）の規定の適用を受ける場合の税額控除額の計算　*71*

　1　措置法42条の12の5第1項の場合　*71*

　2　措置法42条の12の5第2項の場合　*79*

VI　組織再編成がある場合　*82*

　1　新規雇用者比較給与等支給額　*82*

　2　比較雇用者給与等支給額　*96*

　3　比較教育訓練費　*97*

VII　法人住民税の法人税割の計算　*98*

VIII　手続的要件　*100*

　1　他の税制措置との適用関係　*100*

　2　添付書類　*100*

　3　適用除外　*103*

IX　中小企業等経営強化法　*104*

　1　法律の趣旨　*104*

　2　法律の概要　*104*

X　連結納税制度　*107*

XI　適用関係及び経過措置　*109*

　1　適用関係　*109*

　2　経過措置　*109*

XII　措置法42条の12の税額控除（地方活力向上地域等において雇用者の数が増加した場合の法人税額の特別控除）　*114*

　1　措置法42条の12第1項の制度の概要　*114*

　2　措置法42条の12第2項の制度の概要　*124*

2　賃上げ・生産性向上のための税制・所得拡大促進税制（令和3年3月31日までに開始する事業年度）

Ⅰ 制度の概要　*131*

Ⅱ 設例　*136*

Ⅲ 各用語の意味　*142*

⌐1 国内雇用者（措法 42 の 12 の 5 ③二）　*142*

⌐2 雇用者給与等支給額（措法 42 の 12 の 5 ③四）　*145*

⌐3 比較雇用者給与等支給額（措法 42 の 12 の 5 ③五）　*148*

⌐4 継続雇用者給与等支給額（措法 42 の 12 の 5 ③六）　*150*

⌐5 継続雇用者比較給与等支給額（措法 42 の 12 の 5 ③七）　*152*

⌐6 国内設備投資額（措法 42 の 12 の 5 ③八）　*154*

⌐7 当期償却費総額（措法 42 の 12 の 5 ③九）　*157*

⌐8 教育訓練費（措法 42 の 12 の 5 ③十）　*158*

⌐9 比較教育訓練費の額（措法 42 の 12 の 5 ③十一）　*162*

⌐10 中小企業比較教育訓練費の額（措法 42 の 12 の 5 ③十二）　*162*

⌐11 中小企業者等（措法 42 の 12 の 5 ②）　*163*

Ⅳ 手続的要件　*165*

⌐1 他の税制措置との適用関係　*165*

⌐2 添付書類　*165*

⌐3 適用除外　*166*

Ⅴ 記載例　*168*

【第 2 部】 所得税編

⌐1 所得拡大促進税制（令和 3 年までの年分）

Ⅰ 所得拡大促進税制の概要（令和元年から令和 3 年までの各年分）　*175*

Ⅱ 設例　*180*

Ⅲ 各用語の意味　*186*

⌐1 国内雇用者（措法 10 の 5 の 4 ③一）　*186*

⌐2 雇用者給与等支給額（措法 10 の 5 の 4 ③三）　*189*

3

3　比較雇用者給与等支給額（措法 10 の 5 の 4 ③四）　*190*

4　継続雇用者給与等支給額（措法 10 の 5 の 4 ③五）　*190*

5　継続雇用者比較給与等支給額（措法 10 の 5 の 4 ③六）　*193*

6　国内設備投資額（措法 10 の 5 の 4 ③七）　*193*

7　償却費総額（措法 10 の 5 の 4 ③八）　*195*

8　教育訓練費（措法 10 の 5 の 4 ③九）　*196*

9　比較教育訓練費の額（措法 10 の 5 の 4 ③十）　*199*

10　中小企業比較教育訓練費の額（措法 10 の 5 の 4 ③十一）　*200*

11　中小事業者　*200*

Ⅳ　措置法 10 条の 5（地方活力向上地域等において雇用者の数が増加した場合の所得税額の特別控除）の規定の適用を受ける場合の税額控除額の計算　*201*

Ⅴ　事業承継があった場合　*206*

1　比較雇用者給与等支給額　*206*

2　比較教育訓練費　*207*

3　中小企業比較教育訓練費　*207*

Ⅵ　手続的要件　*208*

1　他の税制措置との適用関係　*208*

2　添付書類　*208*

3　適用除外　*209*

②　所得拡大促進税制（令和 4 年分から令和 5 年までの各年分）

Ⅰ　制度の概要　*213*

Ⅱ　設例　*222*

Ⅲ　各用語の説明　*233*

1　国内雇用者　*233*

2　国内新規雇用者　*236*

3　新規雇用者給与等支給額　*240*

|4| 雇用安定助成金額　*244*

|5| 新規雇用者比較給与等支給額　*245*

|6| 雇用者給与等支給額　*248*

|7| 比較雇用者給与等支給額　*250*

|8| 調整雇用者給与等支給増加額　*253*

|9| 控除対象新規雇用者給与等支給額　*253*

|10| 控除対象雇用者給与等支給増加額　*254*

|11| 教育訓練費　*258*

|12| 比較教育訓練費　*262*

|13| 中小事業者　*264*

|14| 調整前事業所得税額　*264*

Ⅳ　措置法 10 条の 5（地方活力向上地域等において雇用者の数が増加した場合の所得税額の特別控除）の規定の適用を受ける場合の税額控除額の計算　*267*

|1| 措置法 10 条の 5 の 4 第 1 項の場合　*267*

|2| 措置法 10 条の 5 の 4 第 2 項の場合　*274*

Ⅴ　手続的要件　*277*

|1| 他の税制措置との適用関係　*277*

|2| 添付書類　*277*

|3| 適用除外　*280*

Ⅵ　適用関係及び経過措置　*281*

|1| 適用関係　*281*

|2| 経過措置　*281*

索　引　法人税編　*285*
　　　　所得税編　*287*

第1部

法人税編

1

人材確保等促進税制・所得拡大促進税制（令和3年4月1日以降に開始する事業年度）

Ⅰ　所得拡大促進税制とは

　所得拡大促進税制は，個人所得の拡大を図り，所得水準の改善を通じた消費喚起による経済成長を達成するため，企業の労働分配（給与等の支給）の増加を促す措置として給与等支給額等を増加させた場合におけるその増加額の一定割合の税額控除を可能とする制度としてスタートしました。

　「国内雇用者」に対して給与等を支給し，一定の要件を満たした場合に，「雇用者給与等支給額」や「比較雇用者給与等支給額」を基準に一定割合の税額控除ができるというものです。

　この制度は，平成 25 年 4 月 1 日以降に開始する事業年度について適用されることとされ，適用期間は当初は平成 28 年 3 月 31 日まででした。

　平成 26 年度の税制改正において，平成 30 年 3 月 31 日まで適用期間が延長され，平成 26 年 4 月 1 日以降に終了する事業年度については，その適用要件が緩和されました。

　平成 27 年度の税制改正において，さらに，適用要件が緩和されました。

　平成 28 年度の税制改正において，それまで認められていなかった雇用促進税制との併用が認められるようになりました。

　平成 29 年度の税制改正において，それまでは税額控除の金額が雇用者給与等支給増加額を基準に算出されていたものが，雇用者給与等支給額と比較雇用者給与等支給額も加味して算出するように改正になりました。

　平成 30 年度の税制改正において，適用要件として，給与等の支給額のほかに，「国内設備投資額」や「教育訓練費」等の金額が，加わりました。

　令和 3 年度の税制改正で，コロナウィルス感染症による雇用の急激な減少に対する対応策として仕組みが大きく変わりました。

Ⅱ 所得拡大促進税制の概要（令和3年4月1日から令和5年3月31日までの間に開始する事業年度）

　青色申告書を提出する法人が，令和3年4月1日から令和5年3月31日までの間に開始する各事業年度において，国内雇用者に対して給与等を支給し，所定の要件を満たした場合に，所定の税額控除ができる制度です。

　この制度の適用を受けるために，法人税の申告前に行うべき手続はありませんが，法人税の申告の際に，確定申告書に，税額控除の対象になる控除対象新規雇用者給与等支給額又は控除対象雇用者給与等支給増加額，控除を受ける金額及びその金額の計算に関する明細書を添付する必要があります。

> ＊　措置法42条の12は，地方活力向上地域等において雇用者の数が増加した場合の法人税額の特別控除を規定しています。
>
> 　同条7項は，同条1項及び2項の規定は，これらの規定の適用を受けようとする事業年度及び当該事業年度開始の日前1年以内に開始した各事業年度（その事業年度が連結事業年度に該当する場合には当該連結事業年度）において，これらの規定に規定する法人に離職者（当該法人の雇用者及び高年齢雇用者であった者で，当該法人の都合によるものとして財務省令で定める理由によって離職（雇用保険法4条2項に規定する離職をいう。）をしたものをいう。）がいないことにつき政令で定めるところにより証明がされた場合に限り，適用すると規定しています。
>
> 　本制度には，このような要件はないので，事業主都合による離職者がいる事業年度であるからといって，本制度の適用ができなくなるものではありません。

(1) 青色申告書を提出する法人（青色申告書を提出する法人であれば足り，外国法人，公益法人等及び人格のない社団等も適用対象となります。）（措法 42 の 12 の 5 ①）

【要件】

新規雇用者給与等支給額からその新規雇用者比較給与等支給額を控除した金額の当該比較新規雇用者比較給与等支給額に対する割合が 2 ％以上であること

$$\frac{新規雇用者給与等支給額 - 新規雇用者比較給与等支給額}{新規雇用者比較給与等支給額} \geqq 2\%$$

※ 措置法施行令 27 条の 12 の 5 第 22 項は，措置法 42 条の 12 の 5 第 1 項の規定の適用を受けようとする法人のその適用を受けようとする事業年度に係る同条 3 項 6 号に規定する新規雇用者比較給与等支給額が零である場合には，同条 1 項 1 号に掲げる要件を満たさないものとすると規定しています。

新規雇用者比較給与等支給額＝0 この要件は満たさないものとされる

(改正前)

1	雇用者給与等支給額が比較雇用者給与等支給額を超えること 　　雇用者給与等支給額　＞　比較雇用者給与等支給額
2	継続雇用者給与等支給額から継続雇用者比較給与等支給額を控除した金額の継続雇用者比較給与等支給額に対する割合が3％以上であること $$\frac{継続雇用者給与等支給額－継続雇用者比較給与等支給額}{継続雇用者比較給与等支給額} \geq 3\%$$
3	法人の国内設備投資額が当期償却費総額の95％に相当する金額以上であること 　　国内設備投資額　≧　当期償却費総額の95％相当額

(改正後)

新規雇用者給与等支給額から新規雇用者比較給与等支給額を控除した金額の当該新規雇用者比較給与等支給額に対する割合が2％以上であること $$\frac{新規雇用者給与等支給額－新規雇用者比較給与等支給額}{新規雇用者比較給与等支給額} \geq 2\%$$

【税額控除の金額(税額控除限度額)】

　控除対象新規雇用者給与等支給額の15％相当額を，調整前法人税額(措置法42条の4第8項2号に規定する調整前法人税額をいいます。)から控除します。

【税額控除の金額が，控除対象新規雇用者給与等支給額の20％となる場合】

　所得の金額の計算上損金の額に算入される教育訓練費の額(その教育訓練費に充てるため他の者(その法人との間に連結完全支配関係がある他の連結法人及びその法人が外国法人である場合の法人税法138条1項1号に規定する本店等を含む。)から支払を受ける金額がある場合には，当該金額を控除した金額)からその比較教育訓練費を控除した金額の比較教育訓練費の額に対する割合が20％以上である場合には，税額控除の金額は，控除対象新規雇用者給与等支給額の20％となります。

　この要件について，事前に認定を受けたり，届出をする必要はありません。

$$\frac{教育訓練費 - 比較教育訓練費}{比較教育訓練費} \geqq 20\%$$

　税額控除の割合が20％となる要件は改正前と同じですが,「比較教育訓練費」の定義が変更になりました。

※　措置法施行令27条の12の5第24項は,措置法42条の12の5第1項又は2項の規定の適用を受けようとする法人のその適用を受けようとする事業年度に係る同条3項8号に規定する比較教育訓練費の金額が零である場合における同条1項又は2項の規定の適用については,次の各号に掲げる場合の区分に応じ当該各号に定めるところによると規定しています。

1号　当該事業年度に係る教育訓練費の額が零である場合
　　　措置法42条の12の5第1項2号及び2項2号イに掲げる要件を満たさないものとする。

2号　前号に掲げる場合以外の場合
　　　措置法42条の12の5第1項2号及び2項2号イに掲げる要件を満たすものとする。

【措置法42条の12の規定の適用を受ける場合】

　措置法42条の12の規定（地方活力向上地域等において雇用者の数が増加した場合の法人税額の特別控除）の適用を受ける場合には,15％あるいは20％を乗ずる「控除対象新規雇用者給与等支給額」は,「控除対象新規雇用者給与等支給額から,措置法42条の12の規定による控除を受ける金額の計算の基礎となった者に対する給与等の支給額として政令（措令27の12の5①）で定

めるところにより計算した金額を控除した残額」となります。

【税額控除の金額の限度額】

　税額控除限度額が，調整前法人税額の 20 ％に相当する金額を超えるときは，その控除を受ける金額は，当該 20 ％に相当する金額となります。

【連結法人の場合】

　連結法人（法人税法 2 条 12 号の 7 の 2）の場合には，各要件の適否は連結親法人及び連結子法人ごとに個別に計算するのではなく，連結グループ全体で計算します。

(2)　中小企業者等の場合（(1)と選択適用）（措法 42 の 12 の 5 ②）

【要件】

　雇用者給与等支給額から比較雇用者給与等支給額を控除した金額の比較雇用者給与等支給額に対する割合が 1.5 ％以上であること

$$\frac{雇用者給与等支給額－比較雇用者給与等支給額}{比較雇用者給与等支給額} \geqq 1.5\,\%$$

　　＊　措置法施行令 27 条の 12 の 5 第 23 項は，措置法 42 条 12 の 5 第 2 項の規定の適用を受けようとする同項に規定する中小企業者等のその適用を受けようとする事業年度に係る同条 3 項 11 号に規定する比較雇用者給与等支給額が零である場合には，同条 2 項に規定する雇用者給与等支給額からその比較雇用者給与等支給額を控除した金額の当該比較雇用者給与等支給額に対する割合が 1.5 ％以上であるときに該当しないものとすると規定しています。

比較雇用者給与等支給額＝0 ⇨ この要件は満たさないものとされる

(改正前)

1	雇用者給与等支給額が比較雇用者給与等支給額を超えること 　　　雇用者給与等支給額　＞　比較雇用者給与等支給額
2	継続雇用者給与等支給額から継続雇用者比較給与等支給額を控除した金額の継続雇用者比較給与等支給額に対する割合が1.5％以上であること $$\frac{継続雇用者給与等支給額 - 継続雇用者比較給与等支給額}{継続雇用者比較給与等支給額} \geq 1.5\%$$

(改正後)

雇用者給与等支給額から比較雇用者給与等支給額を控除した金額の比較雇用者給与等支給額に対する割合が1.5％以上であること

$$\frac{雇用者給与等支給額 - 比較雇用者給与等支給額}{比較雇用者給与等支給額} \geq 1.5\%$$

【税額控除の金額（中小企業者等税額控除限度額）】

控除対象雇用者給与等支給増加額の15％相当額を調整前法人税額から控除します。

【税額控除の金額が，控除対象雇用者給与等支給増加額の25％となる場合】

次の要件を満たす場合には，税額控除の金額は，控除対象雇用者給与等支給増加額の25％となります。

　ア　雇用者給与等支給額から比較雇用者給与等支給額を控除した金額の当該比較雇用者給与等支給額に対する割合が2.5％以上であること

$$\frac{雇用者給与等支給額 - 比較雇用者給与等支給額}{比較雇用者給与等支給額} \geq 2.5\%$$

　イ　次に掲げる要件のいずれかを満たすこと

　　Ａ　当該事業年度の所得の金額の計算上損金の額に算入される教育訓練費の額から比較教育訓練費の額を控除した金額の比較教育訓練費の額に対する割合が10％以上であること（措法42の12の5②二イ）。

この要件について,事前に認定を受けたり,届出をする必要はありません。

$$\frac{教育訓練費 - 比較教育訓練費}{比較教育訓練費} \geq 10\%$$

※　措置法施行令27条の12の5第24項は,措置法42条の12の5第1項又は2項の規定の適用を受けようとする法人のその適用を受けようとする事業年度に係る同条3項8号に規定する比較教育訓練費の金額が零である場合における同条1項又は2項の規定の適用については,次の各号に掲げる場合の区分に応じ当該各号に定めるところによると規定しています。
1号　当該事業年度に係る教育訓練費の額が零である場合
　　措置法42条の12の5第1項2号及び2項2号イに掲げる要件を満たさないものとする。
2号　前号に掲げる場合以外の場合
　　措置法42条の12の5第1項2号及び2項2号イに掲げる要件を満たすものとする。

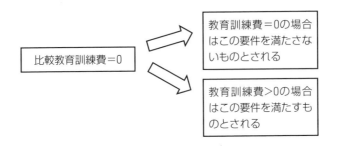

B　当該中小企業者等が,当該事業年度終了の日までにおいて中小企業等経営強化法17条1項の認定を受けたものであり,当該認定に係る同項に規定する経営力向上計画(同法18条1項の規定による変更の認定があったときは,その変更後のもの)に記載された同法2条10項に規定する経営力向上が確実に行われたことにつき財務省令で定めるところにより証明がされたものであること(措法42の12の5②二ロ)。

＊ 措置法施行規則 20 条の 10 第 1 項

措置法 42 条の 12 の 5 第 2 項 2 号ロに規定する財務省令で定めるところにより証明がされたものは，同項に規定する中小企業者等が受けた中小企業等経営強化法 17 条 1 項の認定（同法 18 条 1 項の規定による変更の認定を含む。）に係る経営力向上計画（同法 17 条 1 項に規定する経営力向上計画をいう。）の写し及び当該経営力向上計画に係る認定書の写し並びに当該経営力向上計画（同法 18 条 1 項の規定による変更の認定があったときは，その変更後のもの。）に従って行われる同法 2 条 11 項に規定する経営力向上に係る事業の実施状況につき経済産業大臣に報告した内容が確認できる書類（当該経営力向上が行われたことが当該経営力向上計画に記載された指標（経済産業大臣が認めるものに限る。）の値により確認できるものに限る。）を確定申告書等に添付することにより証明がされた当該中小企業者等とする。

(改正前)

1	継続雇用者給与等支給額から継続雇用者比較給与等支給額を控除した金額の継続雇用者比較給与等支給額に対する割合が2.5％以上であること $\dfrac{継続雇用者給与等支給額 - 継続雇用者比較給与等支給額}{継続雇用者比較給与等支給額} \geq 2.5\%$
2	次の要件のいずれかを満たすこと A 当該事業年度の所得の金額の計算上損金の額に算入される教育訓練費の額から中小企業比較教育訓練費の額を控除した金額の中小企業比較教育訓練費の額に対する割合が10％以上であること $\dfrac{教育訓練費 - 中小企業比較教育訓練費}{中小企業比較教育訓練費} \geq 10\%$ B 当該事業年度終了の日までにおいて中小企業等経営強化法19条1項の認定を受けたものであり，当該認定に係る同項に規定する経営力向上計画（同法20条1項の規定による変更の認定があったときは，その変更後のもの）に記載された同法2条12項に規定する経営力向上が確実に行われたことにつき財務省令で定めるところにより証明がされたものであること

(改正後)

1	雇用者給与等支給額から比較雇用者給与等支給額を控除した金額の当該比較雇用者給与等支給額に対する割合が2.5％以上であること $\dfrac{雇用者給与等支給額 - 比較雇用者給与等支給額}{比較雇用者給与等支給額} \geq 2.5\%$
2	次に掲げる要件のいずれかを満たすこと A 当該事業年度の所得の金額の計算上損金の額に算入される教育訓練費の額から比較教育訓練費の額を控除した金額の比較教育訓練費の額に対する割合が10％以上であること $\dfrac{教育訓練費 - 比較教育訓練費}{比較教育訓練費} \geq 10\%$ B 当該事業年度終了の日までにおいて中小企業等経営強化法17条1項の認定を受けたものであり，当該認定に係る同項に規定する経営力向上計画（同法18条1項の規定による変更の認定があったときは，その変更後のもの）に記載された同法2条11項に規定する経営力向上が確実に行われたことにつき財務省令で定めるところにより証明がされたものであること

【措置法 42 条の 12 の規定の適用を受ける場合】

　措置法 42 条の 12 の規定（地方活力向上地域等において雇用者の数が増加した場合の法人税額の特別控除）の適用を受ける場合には，15 ％あるいは 25 ％を乗ずる「控除対象雇用者給与等支給増加額」は，「控除対象雇用者給与等支給増加額から，措置法 42 条の 12 の規定による控除を受ける金額の計算の基礎となった者に対する給与等の支給額として政令（措令 27 の 12 の 5 ②）で定めるところにより計算した金額を控除した残額」となります。

【税額控除の金額の限度額】

　中小企業者等税額控除限度額が，調整前法人税額の 20 ％に相当する金額を超えるときは，その控除を受ける金額は，当該 20 ％に相当する金額となります。

【連結法人の場合】

　連結法人（法人税法 2 条 12 号の 7 の 2）の場合には，各要件の適否は連結親法人及び連結子法人ごとに個別に計算するのではなく，連結グループ全体で計算します。

Ⅲ 設例

① 法人は，平成元年設立で資本金1,000万円の青色申告をしている株式会社である。

② 法人の株式は，すべて代表取締役が個人で持っている。

③ 法人の事業年度は4月1日から翌年の3月31日までである。

④ 法人は，国内に事業所を持っているが，甲国に事業所を持っている。

⑤ 代表取締役，取締役，監査役以外に，従業員A，B，C，D，E，F，Gがいる。

⑥ 従業員A，B，C，D，E，F，Gの中に，「役員」，「役員の特殊関係者」，「使用人兼務役員」はいない。

⑦ A，B，C，D，Eは法人の国内に所在する事業所に勤務し，いずれも労働基準法108条に規定する賃金台帳に記載されており，雇用保険法60条の2第1項1号に規定する一般被保険者である。

F と G は国内における事業所に勤務していないので，国内に所在する事業所につき作成された賃金台帳には記載されていない。

⑧ Aは，令和2年10月に採用され，Bは令和3年9月に採用されている。

⑨ A，B以外の従業員は，平成30年4月1日以前から継続して令和4年3月31日まで継続して法人に勤務している。令和3年3月期，令和4年3月期に退職者はない。

⑩ 令和3年3月期の従業員に対する給与の支給額は次のとおりである。

A　120万円（20万円×6月）

B　0

C　600万円

D　650万円

　　　E　700万円

　　　F　800万円

　　　G　800万円

⑪　令和4年3月期の従業員に対する給与の支給額は次のとおりである。

　　　A　240万円（20万円×12月）

　　　B　140万円（20万円×7月）

　　　C　620万円

　　　D　670万円

　　　E　720万円

　　　F　850万円

　　　G　850万円

⑫　雇用安定助成金額が令和3年3月期に500万円，令和4年3月期に400万円ある。なお，両事業年度とも，A及びBは雇用安定助成金額の対象にはなっていない。

⑬　教育訓練費については，令和3年3月期に，国内に勤務する従業員について200万円，海外に勤務する従業員について150万円支払った。令和4年3月期には，国内に勤務する従業員について240万円，海外に勤務する従業員について200万円支払った。

(1)　国内雇用者

　国内雇用者とは，法人の使用人のうち，国内に所在する事業所につき作成された労働基準法108条に規定する賃金台帳に記載された者をいいます。

　A，B，C，D，Eは法人の国内に所在する事業所に勤務し，いずれも労働基準法108条に規定する賃金台帳に記載されているので国内雇用者になりますが，FとGについては，国内における事業所に勤務しておらず国内に所在する事業所につき作成された賃金台帳に記載されていないので，国内雇用者に該当しません。

国内雇用者　⇒　A，B，C，D，E

(2)　国内新規雇用者

　国内新規雇用者とは，国内雇用者のうち，国内に所在する事業所につき作成された労働者名簿に当該国内雇用者の氏名が記載された日として財務省令で定める日（雇用開始日）から1年を経過していないものをいいます。

　したがって，Bは令和3年9月に採用されているので，令和3年9月から令和4年3月まで国内新規雇用者に該当します。

　Aについては，令和2年10月に採用されているので，令和4年3月期においても最初の6月間は国内新規雇用者に該当します。

(3)　新規雇用者給与等支給額

　新規雇用者給与等支給額とは，適用事業年度の所得の金額の計算上損金の額に算入される国内新規雇用者に対する給与等の支給額をいいます。この場合の国内新規雇用者は，雇用保険法60条の2第1項1号に規定する一般被保険者に該当するものに限られます。

　Bは，令和4年3月期において国内新規雇用者に該当し，雇用保険法60条の2第1項1号に規定する一般被保険者に該当するので，令和4年3月期におけるBに対する給与等の支給額140万円（20万円×7月）は，新規雇用者給与等支給額になります。

　Aについては，令和2年10月に採用されており，令和4年3月期においても最初の6月間は国内新規雇用者に該当するので，令和4年3月期における最初の6月間のAに対する給与の支給額120万円は，新規雇用者給与等支給額になります。

　新規雇用者給与等支給額は，「その給与等に充てるため他の者から支払を受ける金額」がある場合には当該金額を控除した後の金額になりますが，「その給与等に充てるため他の者から支払を受ける金額」から雇用安定助成金額は除かれています。令和4年3月期に雇用安定助成金額が400万円ありますが，この金額は新規雇用者給与等支給額を算出する際に控除する必要がないので，新

規雇用者給与等支給額は令和4年3月期におけるBに対する給与等の支給額140万円（20万円×7月）とAに対する給与等の支給額120万円（20万円×6月）の合計260万円ということになります。

（4）　新規雇用者比較給与等支給額

新規雇用者比較給与等支給額とは，法人の前事業年度の所得の金額の計算上損金の額に算入される国内新規雇用者に対する給与等の支給額をいいます。

Aは，令和2年10月に採用されているので，令和3年3月期においては，国内新規雇用者に該当します。したがって，新規雇用者比較給与等支給額は，令和3年3月期におけるAに対する給与等の支給額120万円（20万円×6月）ということになります。

新規雇用者比較給与等支給額は，「その給与等に充てるため他の者から支払を受ける金額」がある場合には当該金額を控除した後の金額になりますが，「その給与等に充てるため他の者から支払を受ける金額」から雇用安定助成金額は除かれています。令和3年3月期に雇用安定助成金額が500万円ありますが，この金額を新規雇用者比較給与等支給額を算出する際に控除する必要がないのは，新規雇用者給与等支給額を算出するときと同じです。

（5）　雇用者給与等支給額

雇用者給与等支給額とは，適用事業年度の所得の金額の計算上損金の額に算入される国内雇用者に対する給与等の支給額をいいます。

国内雇用者に該当するのは，A，B，C，D，Eで，FとGは，国内雇用者に該当しません。

令和4年3月期におけるAの給与の支給額は240万円，Bの給与の支給額は140万円，Cの給与の支給額は620万円，Dの給与の支給額は670万円，Eの給与の支給額は720万円なので，雇用者給与等支給額は2,390万円になります。

240万円＋140万円＋620万円＋670万円＋720万円＝2,390万円

雇用者給与等支給額は，「その給与等に充てるため他の者から支払を受ける

金額」がある場合には，「その給与等に充てるため他の者から支払を受ける金額」を控除した後の金額になり，雇用安定助成金額はこの「その給与等に充てるため他の者から支払を受ける金額」に該当します。

　しかしながら，雇用者給与等支給額を計算する際に控除することとされている「その給与等に充てるため他の者から支払を受ける金額」には雇用安定助成金額は含まないこととされています。

　したがって，令和4年3月期の400万円の雇用安定助成金額は上記の2,390万円から控除しないので，結局，雇用者給与等支給額は上記の2,390万円ということになります。

(6)　比較雇用者給与等支給額

　比較雇用者給与等支給額とは，前事業年度の所得の金額の計算上損金の額に算入された国内雇用者に対する給与等の支給額をいいます。

　「その給与等に充てるため他の者から支払を受ける金額」がある場合の取扱い及び「その給与等に充てるため他の者から支払を受ける金額」に雇用安定助成金額が含まれている場合の取扱いは，いずれも，雇用者給与等支給額を計算する場合と同じです。

　令和3年3月期におけるAの給与の支給額は120万円，Bの給与の支給額は0円，Cの給与の支給額は600万円，Dの給与の支給額は650万円，Eの給与の支給額は700万円なので，比較雇用者給与等支給額は2,070万円になります。

　　120万円＋0円＋600万円＋650万円＋700万円＝2,070万円

　令和3年3月期の500万円の雇用安定助成金額を上記の2,070万円から控除しないのは雇用者給与等支給額を計算するときと同じです。

(7)　調整雇用者給与等支給増加額

　調整雇用者給与等支給増加額とは，雇用者給与等支給額から比較雇用者給与等支給額を控除した金額をいいます。調整雇用者給与等支給額を計算する際に用いる「雇用者給与等支給額」，「比較雇用者給与等支給額」は，雇用安定助成

金額がある場合には，雇用安定助成金額を控除した後の金額を使うこととされています。

上記の(5)及び(6)で説明したように，「雇用者給与等支給額」，「比較雇用者給与等支給額」というのは，「その給与等に充てるため他の者から支払を受ける金額」がある場合には，雇用安定助成金額以外の「その給与等に充てるため他の者から支払を受ける金額」を控除した後の金額をいうこととされています。

したがって，雇用安定助成金額を控除した後の「雇用者給与等支給額」，「比較雇用者給与等支給額」というのは，雇用安定助成金額を含む「その給与等に充てるため他の者から支払を受ける金額」を控除した後の金額をいうことになります。

令和4年3月期にA，B，C，D，Eに支払った給与等の支給額は2,390万円で，雇用安定助成金額が400万円あるので，雇用安定助成金額を控除した後の雇用者給与等支給額は1,990万円になります。

令和3年3月期にA，B（支給額は0），C，D，Eに支払った給与等の支給額は2,070万円で，雇用安定助成金額が500万円あるので，雇用安定助成金額を控除した後の比較雇用者給与等支給額は1,570万円になります。

そうすると，調整雇用者給与等支給増加額は，1,990万円から1,570万円を控除した420万円ということになります。

(2,390万円－400万円)－(2,070万円－500万円)＝420万円

(8) 控除対象新規雇用者給与等支給額

控除対象新規雇用者給与等支給額は，適用事業年度の所得の金額の計算上損金の額に算入される国内新規雇用者に対する給与等の支給額のうち当該法人の適用事業年度の調整雇用者給与等支給増加額に達するまでの金額をいいます。

この場合における「国内新規雇用者に対する給与等の支給額」は，「その給与等に充てるため他の者から支払を受ける金額」がある場合には，当該金額を控除した後の金額とされ，「その給与等に充てるため他の者から支払を受ける金額」から雇用安定助成金額は除かれていないので，雇用安定助成金額を含む

「その給与等に充てるため他の者から支払を受ける金額」を控除した後の金額が，「国内新規雇用者に対する給与等の支給額」ということになります。

A及びBは令和4年3月期の雇用安定助成金額の対象にはなっていないので，令和4年3月期におけるAに対する新規雇用者給与等支給額120万円（20万円×6月）とBに対する新規雇用者給与等支給額140万円（20万円×7月）の合計260万円が調整雇用者給与等支給増加額と対比すべき「国内新規雇用者に対する給与等の支給額」ということになります。

控除対象新規雇用者給与等支給額は，適用事業年度の所得の金額の計算上損金の額に算入される国内新規雇用者に対する給与等の支給額のうち当該法人の適用事業年度の調整雇用者給与等支給増加額に達するまでの金額をいうので，「国内新規雇用者に対する給与等の支給額」260万円のうち，調整雇用者給与等支給増加額420万円に達するまでの金額すなわち260万円ということになります。

(9) 控除対象雇用者給与等支給増加額

控除対象雇用者給与等支給増加額とは，中小企業者等の雇用者給与等支給額から比較雇用者給与等支給額を控除した金額をいいますが，当該金額が調整雇用者給与等支給増加額を超える場合には，当該調整雇用者給与等支給増加額をいいます。

雇用者給与等支給額は2,390万円（上記(5)），比較雇用者給与等支給額は2,070万円（上記(6)）です。

また，調整雇用者給与等支給増加額は420万円です（上記(7)）。

雇用者給与等支給額（2,390万円）から比較雇用者給与等支給額（2,070万円）を控除した金額は320万円であり，調整雇用者給与等支給増加額420万円を超えませんので，控除対象雇用者給与等支給増加額は320万円になります。

(10) 教育訓練費

教育訓練費とは，法人がその国内雇用者の職務に必要な技術又は知識を習得させ，又は向上させるために支出する費用をいいます。

令和4年3月期において，国内に勤務する従業員について240万円，海外

に勤務する従業員について200万円の教育訓練費を支払っていますが，措置法42条の12の5において「教育訓練費」とされるのは，国内に勤務する従業員について支払った240万円です。

(11) 比較教育訓練費

比較教育訓練費とは，前事業年度の教育訓練費（1年決算の場合）をいいます。

前事業年度の教育訓練費ですから，国内雇用者を対象にしたものに限られます。

令和3年3月期において，国内に勤務する従業員について200万円，海外に勤務する従業員について150万円の教育訓練費を支払っていますが，措置法42条の12の5において「比較教育訓練費」とされるのは，国内に勤務する従業員について支払った200万円です。

(12) 適用要件の検討

ア　措置法42条の12の5第1項の要件

措置法42条の12の5第1項の適用要件は，新規雇用者給与等支給額からその新規雇用者比較給与等支給額を控除した金額の当該新規雇用者比較給与等支給額に対する割合が2％以上であることです。

$$\frac{新規雇用者給与等支給額 - 新規雇用者比較給与等支給額}{新規雇用者比較給与等支給額} \geqq 2\%$$

新規雇用者給与等支給額は260万円，新規雇用者比較給与等支給額は120万円なので，措置法42条の12の5第1項の適用要件は充足します。

$$\frac{(260万円 - 120万円)}{120万円} = 116.6\%$$

イ　控除の割合が20％となる要件

措置法42条の12の5第1項の税額控除の割合が20％となる要件は，適用事業年度の所得の金額の計算上損金の額に算入される教育訓練費の額

からその比較教育訓練費の額を控除した金額の比較教育訓練費の額に対する割合が 20 ％以上であるということです。

$$\frac{教育訓練費 \; - \; 比較教育訓練費}{比較教育訓練費} \geqq 20\,\%$$

適用事業年度の教育訓練費の金額は 240 万円，比較教育訓練費の金額は 200 万円なので，控除の割合が 20 ％になる要件は満たしていることになります。

$$\frac{(240\,万円 - 200\,万円)}{200\,万円} = 20\,\%$$

ウ　措置法 42 条の 12 の 5 第 2 項の要件

措置法 42 条の 12 の 5 第 2 項の適用要件は，雇用者給与等支給額から比較雇用者給与等支給額を控除した金額の比較雇用者給与等支給額に対する割合が 1.5 ％以上であることです。

$$\frac{雇用者給与等支給額 - \; 比較雇用者給与等支給額}{比較雇用者給与等支給額} \geqq 1.5\,\%$$

雇用者給与等支給額は 2,390 万円，比較雇用者給与等支給額は 2,070 万円なので，この要件は充足します。

$$\frac{(2,390\,万円 - 2,070\,万円)}{2,070\,万円} = 15.45\,\%$$

エ　控除の割合が 25 ％となる要件

措置法 42 条の 12 の 5 第 2 項の税額控除の割合が 25 ％となる要件は次の 2 つです。

①	雇用者給与等支給額から比較雇用者給与等支給額を控除した金額の当該比較雇用者給与等支給額に対する割合が2.5％以上であること $$\frac{雇用者給与等支給額－比較雇用者給与等支給額}{比較雇用者給与等支給額} \geqq 2.5\％$$
②	次に掲げる要件のいずれかを満たすこと A 当該事業年度の所得の金額の計算上損金の額に算入される教育訓練費の額から比較教育訓練費の額を控除した金額の比較教育訓練費の額に対する割合が10％以上であること $$\frac{教育訓練費 － 比較教育訓練費}{比較教育訓練費} \geqq 10\％$$ B 当該事業年度終了の日までにおいて中小企業等経営強化法17条1項の認定を受けたものであり，当該認定に係る同項に規定する経営力向上計画（同法18条1項の規定による変更の認定があったときは，その変更後のもの）に記載された同法2条11項に規定する経営力向上が確実に行われたことにつき財務省令で定めるところにより証明がされたものであること

ウのとおり上記①の要件は満たしており，またイのとおり上記②の要件も充足しています。

オ　税額控除の金額

上記アからエのとおり，措置法42条の12の5第1項の適用も，同条2項の適用も受けられることになり，同条1項については20％の割合で，同条2項については25％の割合で税額控除を適用することができます。

措置法42条の12の5第1項の適用を受ける場合の税額控除の金額は控除対象新規雇用者給与等支給額260万円の20％で52万円ということになります。

措置法42条の12の5第2項の適用を受ける場合の税額控除の金額は，控除対象雇用者給与等支給増加額320万円の25％で80万円ということになります。

設例の法人は「中小企業者等」に該当するので，措置法42条の12の5第1項の適用と2項の適用のいずれを選択することもできます（いずれか一方しか選択できない）。

したがって，税額控除の金額の多い同条2項の適用を受け，80万円の
税額控除を受けることになります。

措置法42条の12の5第2項を適用する場合

中小企業者等の給与等の支給額が増加した場合の法人税額の特別控除に関する明細書

事業年度	・　・	法人名	

雇用者給与等支給額 (25)	1	23,900,000 円		雇用者給与等支給増加重複控除額 (別表六(二十九)「26」)	12	円	
比較雇用者給与等支給額 (32)	2	20,700,000		差引控除対象雇用者給与等支給増加額 ((3)と(7)のうち少ない金額)-(12) (マイナスの場合は0)	13	3,200,000	
雇用者給与等支給増加額 (1)-(2) (マイナスの場合は0)	3	3,200,000	法人税額の特別控除額の計算	中小企業者等の税額控除限度額	(4)≧2.5%の場合において、(11)≧10%若しくは(8)=(10)>0のとき又は経営力向上要件を満たすとき (13)×25/100	14	800,000
雇用者給与等支給増加割合 (3)/(2) ((2)=0の場合は0)	4	0.1545			同上以外の場合 (13)×15/100 ((4)<0.015の場合は0)	15	
調整雇用者給与等支給増加額の計算	調整雇用者給与等支給額 (26)	5	19,900,000 円		中小企業者等税額控除限度額 (14)又は(15)	16	800,000
	調整比較雇用者給与等支給額 (33)	6	15,700,000		調整前法人税額 (別表一「2」又は別表一の三「2」若しくは「14」)	17	
	調整雇用者給与等支給増加額 (5)-(6) (マイナスの場合は0)	7	4,200,000		当期税額基準額 (17)×20/100	18	
教育訓練費増加割合の計算	教育訓練費の額	8	2,400,000		当期税額控除可能額 (16)と(18)のうち少ない金額	19	
	比較教育訓練費の額 (38)	9	2,000,000		調整前法人税額超過構成額 (別表六(六)「7の㉓」)	20	
	教育訓練費増加額 (8)-(9) (マイナスの場合は0)	10	400,000		法人税額の特別控除額 (19)-(20)	21	
	教育訓練費増加割合 (10)/(9) ((9)=0の場合は0)	11	0.2				

雇用者給与等支給額及び調整雇用者給与等支給額の計算

国内雇用者に対する給与等の支給額	(22)の給与等に充てるための他の者から支払を受ける金額	(23)のうち雇用安定助成金額	雇用者給与等支給額 (22)-(23)+(24) (マイナスの場合は0)	調整雇用者給与等支給額 (22)-(23) (マイナスの場合は0)
22	23	24	25	26
23,900,000 円	4,000,000 円	4,000,000 円	23,900,000 円	19,900,000 円

比較雇用者給与等支給額及び調整比較雇用者給与等支給額の計算

前事業年度又は前連結事業年度	国内雇用者に対する給与等の支給額	(28)の給与等に充てるための他の者から支払を受ける金額	(29)のうち雇用安定助成金額	適用年度の月数 (27)の前事業年度又は前連結事業年度の月数
27	28	29	30	31
令和2・ 4 ・ 1 令和3・ 3 ・31	20,700,000 円	5,000,000 円	5,000,000 円	12/12

比較雇用者給与等支給額 ((28)-(29)+(30))×(31) (マイナスの場合は0)	32	20,700,000 円
調整比較雇用者給与等支給額 ((28)-(29))×(31) (マイナスの場合は0)	33	15,700,000 円

比較教育訓練費の額の計算

事業年度又は連結事業年度	教育訓練費の額	適用年度の月数 (34)の事業年度又は連結事業年度の月数	改定教育訓練費の額 (35)×(36)
34	35	36	37
調整対象年度 令和2・ 4 ・ 1 令和3・ 3 ・31	2,000,000 円	12/12	2,000,000 円
・ ・ ・ ・			
計			2,000,000

比較教育訓練費の額 (37の計)÷(調整対象年度数)	38	2,000,000

措置法 42 条の 12 の 5 第 1 項を適用する場合

給与等の支給額が増加した場合の法人税額の特別控除に関する明細書

別表六(二十七)　令三・四・一以後終了事業年度分

事業年度	・・	法人名	

項目	No	金額	項目	No	金額
国内新規雇用者に対する給与等の支給額 (24の①)−(24の②) (マイナスの場合は0)	1	2,600,000円	雇用者給与等支給増加重複控除額 (別表六(二十九)「12」)	13	円
調整雇用者給与等支給額 (23の①)−(23の②) (マイナスの場合は0)	2	19,900,000	差引控除対象新規雇用者給与等支給額 ((1)と(4)のうち少ない金額)−(13) (マイナスの場合は0)	14	2,600,000
調整比較雇用者給与等支給額 (31)	3	15,700,000	(12)≧20%又は(9)=(11)>0の場合 (14)×$\frac{20}{100}$	15	520,000
調整雇用者給与等支給増加額 (2)−(3) (マイナスの場合は0)	4	4,200,000	同上以外の場合 (14)×$\frac{15}{100}$	16	
新規雇用者給与等支給額 (25の①)−(25の②)+(25の③)	5	2,600,000	税額控除限度額 (15)又は(16) (8)<0.02の場合は0	17	520,000
新規雇用者比較給与等支給額 (32)	6	1,200,000	調整前法人税額 (別表一「2」又は別表一の三「2」若しくは「14」)	18	
新規雇用者給与等支給増加額 (5)−(6) (マイナスの場合は0)	7	1,400,000	当期税額基準額 (18)×$\frac{20}{100}$	19	
新規雇用者給与等支給増加割合 $\frac{(7)}{(6)}$ ((6)=0の場合は0)	8	1.166	当期税額控除可能額 ((17)と(19)のうち少ない金額)	20	
教育訓練費の額 (37)	9	2,400,000円	調整前法人税額超過構成額 (別表六(六)「7の②」)	21	
比較教育訓練費の額 (37)	10	2,000,000	法人税額の特別控除額 (20)−(21)	22	
教育訓練費増加額 (9)−(10) (マイナスの場合は0)	11	400,000			
教育訓練費増加割合 $\frac{(11)}{(10)}$ ((10)=0の場合は0)	12	0.2			

国内新規雇用者に対する給与等の支給額、調整雇用者給与等支給額及び新規雇用者給与等支給額の明細

	No	① 給与等の支給額	② ①の給与等に充てるため他の者から支払を受ける金額	③ ②のうち雇用安定助成金額
国内雇用者に対する給与等の支給額	23	23,900,000円	4,000,000円	
同上のうち国内新規雇用者に係る金額	24	2,600,000	0	
同上のうち一般被保険者に係る金額	25	2,600,000	0	0

調整比較雇用者給与等支給額及び新規雇用者比較給与等支給額の計算

	No		No	
前事業年度又は前連結事業年度	26	令和2・4・1 令和3・3・31	適用年度の月数 / (26)の前事業年度又は前連結事業年度の月数	27　$\frac{12}{12}$

	No	① 給与等の支給額	② ①の給与等に充てるため他の者から支払を受ける金額	③ ②のうち雇用安定助成金額
国内雇用者に対する給与等の支給額	28	20,700,000円	5,000,000円	
同上のうち国内新規雇用者に係る金額	29	1,200,000	0	
同上のうち一般被保険者に係る金額	30	1,200,000	0	0
調整比較雇用者給与等支給額 ((28の①)−(28の②))×(27) (マイナスの場合は0)	31			15,700,000
新規雇用者比較給与等支給額 ((30の①)−(30の②)+(30の③))×(27) (マイナスの場合は0)	32			1,200,000

比較教育訓練費の額の計算

事業年度又は連結事業年度 33	教育訓練費の額 34	適用年度の月数 / (33)の事業年度又は連結事業年度の月数 35	改定教育訓練費の額 (34)×(35) 36
調整対象年度 令和2・4・1 令和3・3・31	2,000,000円	$\frac{12}{12}$	2,000,000円
・・ ・・			
計			2,000,000
比較教育訓練費の額 37 (36の計)÷(調整対象年度数)			2,000,000

Ⅳ 各用語の意味

1 国内雇用者

　措置法 42 条の 12 の 5 第 3 項 9 号は，「国内雇用者」を法人の使用人（当該法人の役員（法人税法 2 条 15 号に規定する役員をいう。）と政令で定める特殊の関係のある者及び当該法人の使用人としての職務を有する役員を除く。）のうち当該法人の有する国内の事業所に勤務する雇用者として政令で定めるものに該当するものをいうと規定しています。

　パート，アルバイト，日雇い労働者を含みます。

　措置法施行令 27 条の 12 の 5 第 17 項は，措置法 42 条の 12 の 5 第 3 項 9 号に規定する政令で定める特殊の関係のある者は，次に掲げる者とすると規定しています。

① 　役員の親族

② 　役員と婚姻の届出をしていないが事実上婚姻関係と同様の事情にある者

③ 　上記①，②以外の者で役員から生計の支援を受けているもの

④ 　上記②，③の者と生計を一にするこれらの者の親族

　また，措置法施行令 27 条の 12 の 5 第 18 項は，措置法 42 条の 12 の 5 第 3 号 9 項に規定する政令で定めるものは，当該法人の国内に所在する事業所につき作成された労働基準法 108 条に規定する賃金台帳に記載された者とすると規定しています。

　国内雇用者の要件は「使用人のうち国内に所在する事業所につき作成された賃金台帳に記載された者」であることなので，海外に長期出張等していた場合でも，国内の事業所で作成された賃金台帳に記載され，給与所得となる給与等の支給を受けていれば，海外で勤務していても国内雇用者に該当することにな

ります。

　出向先法人が出向元法人へ出向者に係る給与負担金を支払っている場合において，当該出向先法人の賃金台帳に当該出向者を記載しているときは，出向先法人が支払う当該給与負担金は，出向先法人の雇用者給与等支給額に含まれます。逆に，出向先法人の賃金台帳に記載がない場合には，当該給与負担金の額は出向先法人の雇用者給与等支給額には含まれません。

（国内雇用者に含まれないもの）

1	当該法人の国内に所在する事業所につき作成された労働基準法 108 条に規定する賃金台帳に記載されていない者
2	法人税法 2 条 15 号に規定する役員
3	使用人兼務役員
4	役員の親族
5	役員と婚姻の届出をしていないが事実上婚姻関係と同様の事情にある者
6	4 及び 5 以外の者で役員から生計の支援を受けているもの
7	5 及び 6 の者と生計を一にするこれらの者の親族

　※　賃金台帳
　　労働基準法 108 条は，使用者は，各事業場ごとに賃金台帳を調製し，賃金計算の基礎となる事項及び賃金の額その他厚生労働省令で定める事項を賃金支払の都度遅滞なく記入しなければならない，と規定しています。
　　労働基準法施行規則 54 条は，賃金台帳に記載すべき事項として次の事項を規定しています。
　　①　氏名
　　②　性別
　　③　賃金計算期間
　　④　労働日数
　　⑤　労働時間数
　　⑥　法第 33 条若しくは法第 36 条第 1 項の規定によって労働時間を延長し，若しくは休日に労働させた場合又は午後 10 時から午前 5 時（厚生労働大臣が必要であると認める場合には，その定める地域又は期間について

は午後 11 時から午前 6 時）までの間に労働させた場合には，その延長時間数，休日労働時間数及び深夜労働時間数

⑦　基本給，手当その他賃金の種類毎にその額

⑧　法第 24 条第 1 項の規定によって賃金の一部を控除した場合には，その額

様式第20号（第55条）

		分	分	分	分	分	分	分	分		氏名
賃金台帳	賃 金 計 算 期 間										
	労 働 日 数	日	日	日	日	日	日	日	日		
	労 働 時 間 数	時間	時間	時間	時間	時間	時間	時間	時間		
	休 日 労 働 時 間 数	時間	時間	時間	時間	時間	時間	時間	時間		
	早 出 残 業 時 間 数	時間	時間	時間	時間	時間	時間	時間	時間		
	深 夜 労 働 時 間 数	時間	時間	時間	時間	時間	時間	時間	時間		
	基 本 賃 金	円	円	円	円	円	円	円	円		
	所定時間外割増賃金	円	円	円	円	円	円	円	円		
手当	手 当	円	円	円	円	円	円	円	円		性別
	手 当	円	円	円	円	円	円	円	円		
	手 当	円	円	円	円	円	円	円	円		
	手 当	円	円	円	円	円	円	円	円		
		円	円	円	円	円	円	円	円		
		円	円	円	円	円	円	円	円		
	小 計	0 円	0 円	0 円	0 円	0 円	0 円	0 円	0 円		所属
（常時使用される労働者に対するもの）	非 課 税 分 賃 金 額	円	円	円	円	円	円	円	円		
	臨 時 の 給 与	円	円	円	円	円	円	円	円		
	賞 与	円	円	円	円	円	円	円	円		
	合 計	0 円	0 円	0 円	0 円	0 円	0 円	0 円	0 円		
社会保険料控除	健 康 保 険	円	円	円	円	円	円	円	円		
	厚 生 年 金 ・ 保 険	円	円	円	円	円	円	円	円		
	雇 用 保 険	円	円	円	円	円	円	円	円		
	小 計	0 円	0 円	0 円	0 円	0 円	0 円	0 円	0 円		
	差 引 計	0 円	0 円	0 円	0 円	0 円	0 円	0 円	0 円		職名
税金控除	所 得 税	円	円	円	円	円	円	円	円		
	市 町 村 民 税	円	円	円	円	円	円	円	円		
	小 計	0 円	0 円	0 円	0 円	0 円	0 円	0 円	0 円		
	実 物 給 与	円	円	円	円	円	円	円	円		
	差 引 支 払 金	0 円	0 円	0 円	0 円	0 円	0 円	0 円	0 円		
	領 収 印	月 日 印	月 日 印	月 日 印	月 日 印	月 日 印	月 日 印	月 日 印	月 日 印		

※　法人の役員

　法人税法 2 条 15 号

　　役員　法人の取締役，執行役，会計参与，監査役，理事，監事及び清算人並びにこれら以外の者で法人の経営に従事している者のうち政令で定めるものをいう。

　法人税法施行令 7 条

　　法第 2 条第 15 号（役員の意義）に規定する政令で定める者は，次に掲げる者とする。

　　　1 号　法人の使用人（職制上使用人としての地位のみを有する者に限る。次号において同じ。）以外の者でその法人の経営に従事しているもの

2号　同族会社の使用人のうち，第71条第1項第5号イからハまで（使用人兼務役員とされない役員）の規定中「役員」とあるのを「使用人」と読み替えた場合に同号イからハまでに掲げる要件のすべてを満たしている者で，その会社の経営に従事しているもの

　例えば，①取締役若しくは理事となっていない総裁，副総裁，会長，副会長，理事長，副理事長，組合長等，②合名会社，合資会社及び合同会社の業務執行社員，③人格のない社団等の代表者若しくは管理人，又は④法定の役員ではないが，法人の定款等において役員として定められている者のほか，⑤相談役，顧問などで，法人内における地位，職務等からみて他の役員と同様に実質的に法人の経営に従事していると認められるものも含みます。

　また，「使用人兼務役員」については，使用人としての給与についても，国内雇用者に対して支給した給与にはなりません。

※　親族
　民法725条
　　次に掲げる者は，親族とする。
　　1号　　6親等内の血族
　　2号　　配偶者
　　3号　　3親等内の姻族
　民法726条
　　1項　親等は，親族間の世代数を数えて，これを定める。
　　2項　傍系親族の親等を定めるには，その1人又はその配偶者から同一の祖先にさかのぼり，その祖先から他の1人に下るまでの世代数による。
※　生計を一にする親族
　所得税基本通達2-47
　　法に規定する「生計を一にする」とは，必ずしも同一の家屋に起居していることをいうものではないから，次のような場合には，それぞれ次による。
①　勤務，修学，療養等の都合上他の親族と日常の起居を共にしていない親族がいる場合であっても，次に掲げる場合に該当するときは，これらの親族は生計を一にするものとする。
　イ　当該他の親族と日常の起居を共にしていない親族が，勤務，修学等の余

暇には当該他の親族のもとで起居を共にすることを常例としている場合

□　これらの親族間において，常に生活費，学資金，療養費等の送金が行われている場合

②　親族が同一の家屋に起居している場合には，明らかに互いに独立した生活を営んでいると認められる場合を除き，これらの親族は生計を一にするものとする。

2　国内新規雇用者

措置法42条の12の5第3項2号は，「国内新規雇用者」を，法人の国内雇用者のうち当該法人の有する国内の事業所に勤務することとなった日から1年を経過していないものとして政令で定めるものをいうと規定しています。

措置法施行令27条の12の5第3項は，措置法42条の12の5第3項2号に規定する政令で定めるものは，当該法人の国内雇用者（同項9号に規定する国内雇用者をいう。）のうち国内に所在する事業所につき作成された労働者名簿（労働基準法107条1項に規定する労働者名簿をいう。）に当該国内雇用者の氏名が記載された日として財務省令で定める日（雇用開始日）から1年を経過していないものとすると規定しています。

※　労働者名簿は，日々雇い入れられる者については記載しないこととされていることから，日々雇い入れられる者は国内新規雇用者に該当しないこととなります。

※　受け入れた出向者も労働者名簿に記載することとされているので，受け入れた出向者は他の要件に該当する限り国内新規雇用者に該当することになります。

※　出向者が出向元に戻った場合には，出向元において，その者は新規雇用者に該当しません。

※　退職者を再雇用した場合には，再雇用をもって新規雇用にはなりません。

ただし，次の者は「国内新規雇用者」から除かれています。

これらの者は，実質的に新規に雇用された者といえないことから除外されているものです。

① 当該法人の国内雇用者（その国内に所在する事業所につき作成された労働者名簿に氏名が記載された者に限る。）となる直前に当該法人の役員（措置法 42 条の 12 の 5 第 3 項 9 号に規定する役員をいいます。）又は使用人（当該法人の役員と同号に規定する政令で定める特殊の関係のある者及び当該法人の国外に所在する事業所の使用人に限る。）であった者

※ 当該法人の国内雇用者となる直前に当該法人の国外にある事業所の使用人であった者は，除かれるものに含まれます。

※ その法人の使用人のうち日々雇い入れられる者であった者から常用労働者になったことにより労働者名簿に氏名が記載された者は，他の要件に該当する限り国内新規雇用者に該当することになります。

② 当該法人の国内雇用者となる直前に当該法人との間に法人税法 2 条 12 号の 7 の 5 に規定する支配関係（以下「支配関係」という。」がある法人（支配関係法人）の役員若しくは使用人（当該支配関係法人の国内雇用者，当該支配関係法人の役員と措置法 42 条の 12 の 5 第 3 項 9 号に規定する政令で定める特殊の関係のある者及び当該支配関係法人の国外に所在する事業所の使用人に限る。）又は当該法人との間に支配関係がある個人若しくはその使用人（当該個人の国内に所在する事業所に勤務する雇用者として財務省令で定める者及び当該個人の国外に所在する事業所の使用人に限る。）であった者

※ 当該法人の国内雇用者となる直前に，支配関係法人の国内雇用者であった者は除かれます。

ただし，次の者は除かれます。

イ 当該法人を合併法人，分割承継法人，被現物出資法人又は被現物分割法人（合併法人等）とする合併等（合併，分割，現物出資又は法人税法 2 条 12 号の 5 の 2 に規定する現物分割（現物分配））の直後の当該法人の国内雇用者で当該合併等の直前において当該合併等に係る被合併法人，分割法人，現物分割法人（被合併法人等）の国内雇用者であった者

この場合には，当該被合併法人等における雇用開始日を当該合併法人等における雇用開始日とみなします（措令 27 の 12 の 5 ④）。

ロ 当該法人の国内雇用者となる直前に当該法人との間に連結完全支配関係がある他の連結法人の国内雇用者であった者

この場合には，当該他の連結法人における雇用開始日を当該法人における雇用開始日とみなします（措令 27 の 12 の 5 ④）。

※ 措置法施行規則 20 条の 10 第 3 項

措置法施行令27条の12の5第3項2号に規定する財務省令で定める者
　は，当該法人との間に法人税法2条12号の7の5に規定する支配関係が
　ある個人の国内に所在する事業所に勤務する使用人で当該個人の措置法
　施行令5条の6の3の2第5項1号に規定する国内雇用者に該当する者と
　すると規定しています。
③　当該法人を合併法人等とする合併等（当該法人との間に支配関係がない法
　人を被合併法人等とするものに限る。）の直後の当該法人の国内雇用者で当
　該合併等の直前おいて当該合併等に係る被合併法人等の役員又は使用人（当
　該被合併法人の役員と措置法42条の12の5第3項9号に規定する政令で定
　める特殊の関係のある者及び当該被合併法人等の国外に所在する事業所の
　使用人に限る。）であった者

　措置法施行規則20条の10第2項は，措置法施行令27条の12の5第3項
に規定する財務省令で定める日は，当該法人の国内に所在する事業所につき作
成された同項に規定する労働者名簿にその氏名が記載された同項各号列記以外
の部分に規定する国内雇用者の労働基準法施行規則53条1項4号に掲げる日
（当該国内雇用者が当該法人の国内に所在する他の事業所から異動した者であ
る場合には，当該法人の国内に所在する各事業所における当該国内雇用者の同
号に掲げる日のうち一番早い日）とすると規定しています。

【参考】労働基準法施行規則53条1項
　法第107条第1項の労働者名簿（様式第19号）に記入しなければなら
ない事項は，同条同項に規定するもののほか，次に掲げるものとする。
　　1号　性別
　　2号　住所
　　3号　従事する業務の種類
　　4号　雇入の年月日
　　5号　退職の年月日及びその事由（退職の事由が解雇の場合にあって
　　　　は，その理由を含む。）
　　6号　死亡の年月日及びその原因

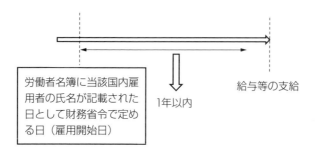

（国内新規雇用者に該当しないもの）

法人の国内雇用者となる直前に，当該法人の役員又は当該法人の役員と政令で定める特殊の関係のある使用人であった者
法人の国内雇用者となる直前に，当該法人の国外に所在する事業所の使用人であった者
当該法人の国内雇用者となる直前に，当該法人との間に支配関係がある法人の役員であった者
当該法人の国内雇用者となる直前に，当該法人との間に支配関係がある法人の国内雇用者であった者
当該法人の国内雇用者となる直前に，当該法人との間に支配関係がある法人の役員と措置法42条の12の5第3項9号に規定する政令で定める特殊の関係のある者であった者
当該法人の国内雇用者となる直前に，当該法人との間に支配関係がある法人の国外に所在する事業所の使用人であった者
当該法人の国内雇用者となる直前に，当該法人との間に支配関係がある個人
当該法人の国内雇用者となる直前に，当該法人との間に支配関係がある個人の国内に所在する事業所に勤務する雇用者として財務省令で定める者
当該法人の国内雇用者となる直前に，当該法人との間に支配関係がある個人の国外に所在する事業所の使用人であった者

　連結法人においては，連結親法人又は連結子法人の有する国内事業所に勤務することとなった日から1年を経過していない者を国内新規雇用者といい，連結法人内（連結親法人から連結子法人，連結子法人から連結親法人，連結子会社どうし）で移動した者については，移動前の事業所に勤務することとなった

日を起算点として1年を経過するまでは，引き続き「国内新規雇用者」として扱われます。

3 新規雇用者給与等支給額

措置法42条の12の5第3項5号は，「新規雇用者給与等支給額」を，法人の適用事業年度の所得の金額の計算上損金の額に算入される国内新規雇用者（雇用保険法60条の2第1項1号に規定する一般被保険者に該当するものに限る。）に対する給与等の支給額（その給与等に充てるため他の者から支払を受ける金額（雇用安定助成金額を除く。）がある場合には，当該金額を控除した金額）をいうと規定しています。

「他の者」には，適用対象法人との間に連結完全支配関係がある他の連結法人が含まれ，適用対象法人が外国法人である場合の法人税法138条1項1号に規定する本店等が含まれます（措法42の12の5③四）。

未払給与は，その計上時に損金算入されるものなので，その計上時すなわち損金算入時の事業年度の「損金の額に算入される給与等の支給額」に含まれることになります。これに対して，前払給与は計上時には損金算入されませんがその後に損金算入される事業年度の「損金の額に算入される給与等の支給額」に含まれることになります。

出向先法人が出向元へ出向者に係る給与負担金の額を支出する場合において，当該出向先法人の国内に所在する事業所につき作成された賃金台帳に当該出向者を記載しているときは，当該給与負担金の額は，措置法42条の12の5第3項4号から6号まで並びに10号及び11号の「給与等の支給額」に含まれます。この場合において，当該出向者が当該出向元法人において雇用保険法60条の2第1項1号に規定する一般被保険者に該当するときは，当該出向者は当該出向先法人において一般被保険者に該当するものとして，措置法42条の12の5第3項5号の新規雇用者給与等支給額及び同項6号の新規雇用者比較給与等支給額を算定することになります（措通42の12の5-3）

37

① 前事業年度の新卒採用者の場合

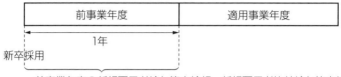

② 適用事業年度の新卒採用者の場合

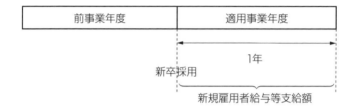

③ 前事業年度の中途採用者

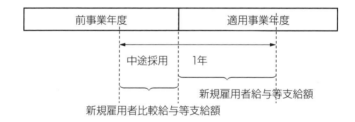

④ 適用事業年度の中途採用者の場合

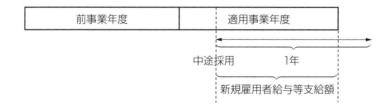

⑤ 前々事業年度の中途採用者の場合

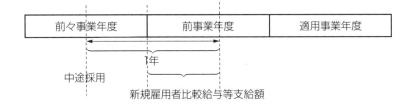

※ 雇用保険制度における一般被保険者
　雇用保険制度における被保険者の種類は次のとおりです。
　① 一般被保険者（65歳未満の常用労働者）
　② 高年齢被保険者（65歳を超えて引き続き雇用される者等）
　③ 短期雇用特例被保険者（季節的に雇用される者）
　④ 日雇労働被保険者（日々雇用される者，30日以内の期間を定めて雇用される者）
　1週間の所定労働時間が20時間未満である者は雇用保険法の適用除外となります。

※ 雇用保険の一般被保険者に該当する者はいるが雇用保険に未加入の場合の取扱い
　新規雇用者給与等支給額の意義を定めた措置法42条の12の5第3項5号は，一般被保険者を「雇用保険法第60条の2第1項第1号に規定する一般被保険者」としています。雇用保険法60条の2第1項第1号は「一般被保険者（被保険者のうち高年齢被保険者，短期雇用特例被保険者及び日雇労働被保険者以外の者をいう。）」と規定しています。更に，雇用保険法4条1項では，被保険者を「適用事業に雇用される労働者であって，第6条各号に掲げる者以外のものをいう。」と定義しています。そして，事業主はその被保険者に関する届出をする義務を負っています（同法7条）。つまり，措置法42条の12の5第3項5号は，雇用保険の加入手続や保険料納付の有無にかかわらず，単に雇用保険法上の一般被保険者の意義を引用しているにすぎません。
　したがって，事業主が雇用保険の加入手続を行っていない場合であっても，本来一般被保険者に該当するものであれば，税法上は一般被保険者として取扱われるべきものと考えられます。

【参考】

　改正前の措置法 42 条の 12 の 5 における「給与等の支給額」は，同条 3 項 4 号が「給与等の支給額（その給与等に充てるため他の者（当該法人との間に連結完全支配関係がある他の連結法人及び当該法人が外国法人である場合の法人税法 138 条 1 項 1 号に規定する本店等を含む。）から支払を受ける金額がある場合には，当該金額を控除した金額。以下この項において同じ。）」と規定していたので，改正前の措置法 42 条の 12 の 5 第 3 項の 4 号以下において「給与等の支給額」という場合には，同項 4 号に規定するものを指していました。

　改正後の措置法 42 条の 12 の 5 における「給与等の支給額」は，控除対象新規雇用者給与等支給額を規定している同条 3 項 4 号が，「給与等の支給額（その給与等に充てるため他の者から支払を受ける金額がある場合には，当該金額を控除した金額。）」と規定しているのに対して，新規雇用者給与等支給額を規定している同条 3 項 5 号は，「給与等の支給額（その給与等に充てるため他の者から支払を受ける金額（雇用安定助成金額を除く。）がある場合には，当該金額を控除した金額。以下この項において同じ。）」と規定しているので，同条第 3 項の 5 号以下において「給与等の支給額」という場合には，「その給与等に充てるため他の者から支払を受ける金額」は控除することになりますが，控除する金額から雇用安定助成金額が除かれています。したがって，雇用安定助成金額については「給与等の支給額」から控除しないことになります。

改正前	改正後
給与等の支給額	給与等の支給額
⇩	⇩
その給与等に充てるため他の者から支払を受ける金額がある場合には，当該金額を控除した金額	その給与等に充てるため他の者から支払を受ける金額がある場合には，当該金額を控除した金額 措置法42条の12の5第3項5号以下の各号においては控除する金額から雇用安定助成金額が除かれます。

※ 給与等とは，所得税法28条1項に規定する給与等をいいますが，賃金台帳に記載された支給額（所得税法上課税されない通勤手当等の額を含む。）のみを対象として計算する等，合理的な方法により継続的して国内雇用者に対する給与等の支給額を計算している場合には，その計算が認められます（措通42の12の5-1の3）。

※ 原価計算における労務費にあたる賃金等については，原則的には，期首棚卸と期末棚卸とに含まれる賃金等を加減算することになりますが，煩雑さを避けるため，その賃金等の支給額の確定を基準に計算したものを給与等の支給額とする等，一定の合理性が認められる方法によって，法人が継続的にこの制度における「損金の額に算入される給与等の支給額」を算出することも許容されるものと考えられます（措通42の12の5-4）。

※ 決算賞与については，損金算入される事業年度の新規雇用者給与等支給額になります。

※ 他の者から支払を受ける金額（措通42の12の5-2）
　以下のものが，「他の者から支払を受ける金額」に該当します。
① その補助金，助成金，給付金又は負担金その他これに準ずるもの（補助金等）の要綱，要領又は契約において，その補助金等の交付の趣旨又は目的がその交付を受ける法人の給与等の支給額に係る負担を軽減させるこ

とが明らかにされている場合のその補助金等の交付額

　　　例：業務改善助成金

②　①以外の補助金等の交付額で，資産の譲渡，資産の貸付け及び役務の提供に係る反対給付としての交付額に該当しないもののうち，その算定方法が給与等の支給実績又は支給単価（雇用契約において時間，日，月，年ごとにあらかじめ決められている給与等の支給額をいう。）を基礎として定められているもの

　　　例：雇用調整助成金，緊急雇用安定助成金，産業雇用安定助成金，労働移動支援助成金（早期雇い入れコース），キャリアアップ助成金（正社員化コース），特定求職者雇用開発助成金（就職氷河期世代安定雇用実現コース），特定求職者雇用開発助成金（特定就職困難者コース）

③　①及び②以外の補助金等の交付額で，法人の使用人が他の法人に出向した場合において，その出向した使用人（出向者）に対する給与を出向元法人（出向者を出向させている法人をいう。）が支給することとしているときに，出向元法人が出向先法人（出向元法人から出向者を受け入れている法人をいう。）から支払を受けた出向先法人の負担すべき給与に相当する金額

※　事業年度の途中，月の途中で役員になった者については，役員分の給与は除き，使用人に該当する期間の給与のみを計算の対象とします。

※　残業手当，休日出勤手当，職務手当，地域手当，家族（扶養）手当，住宅手当などは，通常，給与所得に該当するので，「給与等」に含まれます。

※　商品券や食事券等で支給したものでも給与所得に該当するものは，給与等の支給額に含まれます。給与等の金額は現金で支払われるものに限られません。

4　雇用安定助成金額

　措置法42条の12の5第3項4号イは，「雇用安定助成金額」を，国又は地方公共団体から受ける雇用保険法62条1項1号に掲げる事業として支給が行われる助成金その他これに類するものの額をいうと規定しています。

　具体的には次のものが該当します（措通42の12の5-2の2）。

①　雇用調整助成金，産業雇用安定助成金又は緊急雇用安定助成金の額

②　①に上乗せして支給される助成金の額その他の①に準じて地方公共団体から支給される助成金の額

【参考】雇用保険法62条

政府は，被保険者，被保険者であつた者及び被保険者になろうとする者（以下この章において「被保険者等」という。）に関し，失業の予防，雇用状態の是正，雇用機会の増大その他雇用の安定を図るため，雇用安定事業として，次の事業を行うことができる。

1号　景気の変動，産業構造の変化その他の経済上の理由により事業活動の縮小を余儀なくされた場合において，労働者を休業させる事業主その他労働者の雇用の安定を図るために必要な措置を講ずる事業主に対して，必要な助成及び援助を行うこと。

※　新型コロナウィルス感染症対応休業支援金・給付金は，従業員が勤務先を通さずに給付されるものであり，法人が支給する給与等に充てるものではないことから，「雇用安定助成金額」には該当しません。

5　新規雇用者比較給与等支給額

措置法42条の12の5第3項6号は，「新規雇用者比較給与等支給額」を，法人の適用事業年度開始の日の前日を含む事業年度（前事業年度）の所得の金額の計算上損金の額に算入される国内新規雇用者（雇用保険法60条の2第1項1号に規定する一般被保険者に該当する者に限る。）に対する給与等の支給額（その給与等に充てるため他の者から支払を受ける金額（雇用安定助成金額を除く。）がある場合には，当該金額を控除した金額）をいうと規定しています。

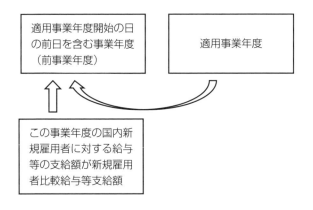

　なお，適用事業年度開始の日の前日を含む事業年度が連結事業年度に該当する場合及び前事業年度の月数と適用事業年度の月数とが異なる場合には，次のようになります。

(1) 適用事業年度開始の日の前日を含む事業年度が連結事業年度に該当する場合

　当該前日を含む連結事業年度の連結所得の金額の計算上損金の額に算入される国内新規雇用者に対する給与等の支給額（当該連結事業年度の月数と当該適用事業年度の月数とが異なる場合には，その月数に応じ政令で定めるところにより計算した金額

　措置法施行令27条の12の5第5項は，措置法42条の12の5第3項6号イに規定する政令で定めるところにより計算した金額は，次の各号に掲げる場合の区分に応じ当該各号に定める金額とすると規定しています。

1号　措置法42条の12の5第3項第6号イの連結事業年度の月数が同号イの適用事業年度の月数を超える場合

　　当該連結事業年度に係る給与等支給額（その連結所得の金額の計算上損金の額に算入される国内新規雇用者（同項第5号に規定する国内新規雇用者をいう。以下この条において同じ。）に対する給与等（同項第3号に規定する給与等をいう。以下この条において同じ。）の支給額（同項第5号に規定する支給額をいう。以下この条において同じ。）をいう。次号イ及びロにおい

て同じ。）に当該適用事業年度の月数を乗じてこれを当該連結事業年度の月数で除して計算した金額

　　連結事業年度の月数　＞　適用事業年度の月数

2号　措置法第42条の12の5第3項第6号イの連結事業年度の月数が同号イの適用事業年度の月数に満たない場合
　次に掲げる場合の区分に応じそれぞれ次に定める金額
　イ　当該連結事業年度が6月に満たない場合
　　　当該適用事業年度開始の日前1年（当該適用事業年度が1年に満たない場合には，当該適用事業年度の期間。イにおいて同じ。）以内に終了した各連結事業年度（当該開始の日前1年以内に終了した事業年度が連結事業年度に該当しない場合には，当該事業年度。イにおいて「連結事業年度等」という。）に係る給与等支給額（当該事業年度にあっては，当該事業年度の所得の金額の計算上損金の額に算入される国内新規雇用者に対する給与等の支給額）の合計額に当該適用事業年度の月数を乗じてこれを当該連結事業年度等の月数の合計数で除して計算した金額

　　連結事業年度の月数　＜　適用事業年度の月数

　かつ

　　連結事業年度の月数　＜　6月

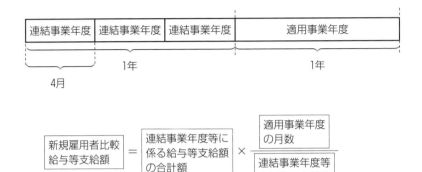

ロ 当該連結事業年度が6月以上である場合
　当該連結事業年度に係る給与等支給額に当該適用事業年度の月数を乗じてこれを当該連結事業年度の月数で除して計算した金額

(2) 前事業年度の月数と当該適用事業年度の月数とが異なる場合

　その月数に応じ政令で定めるところにより計算した金額
　措置法施行令27条の12の5第6項は，措置法42条12の5第3項6号ロに規定する政令で定めるところにより計算した金額は，次の各号に掲げる場合の区分に応じ当該各号に定める金額とすると規定しています。

1号　措置法42条の12の5第3項第6号ロの前事業年度の月数が同号ロの適用事業年度の月数を超える場合
　　当該前事業年度に係る給与等支給額（その所得の金額の計算上損金の額に算入される国内新規雇用者に対する給与等の支給額をいう。次号イ及びロにおいて同じ。）に当該適用事業年度の月数を乗じてこれを当該前事業年度の月数で除して計算した金額

$$\text{新規雇用者比較給与等支給額} = \text{前事業年度の国内新規雇用者に係る給与等の支給額} \times \frac{\text{適用事業年度の月数}}{\text{前事業年度の月数}}$$

2号　措置法42条の12の5第3項第6号ロの前事業年度の月数が同号ロの適用事業年度の月数に満たない場合

　次に掲げる場合の区分に応じそれぞれ次に定める金額

　イ　当該前事業年度が6月に満たない場合

　　当該適用事業開始の日前1年（当該適用事業年度が1年に満たない場合には，当該適用事業年度の期間。イにおいて同じ。）以内に終了した各事業年度（その事業年度が連結事業年度に該当する場合には，当該開始の日前1年以内に終了した連結事業年度。イにおいて「前一年事業年度等」という。）に係る給与等支給額（当該連結事業年度にあっては，当該連結事業年度の連結所得の金額の計算上損金の額に算入される国内新規雇用者に対する給与等の支給額）の合計額に当該適用事業年度の月数を乗じてこれを当該前一年事業年度等の月数の合計数で除して計算した金額

　　前事業年度の月数　＜　6月

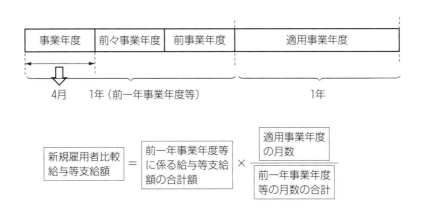

ロ　当該前事業年度が6月以上である場合

　　当該前事業年度に係る給与等支給額に当該適用事業年度の月数を乗じてこれを当該前事業年度の月数で除して計算した金額

(3) 合併，分割があった場合

　新規雇用者給与等支給額と新規雇用者比較給与等支給額を比較するという仕組なので，新規雇用者比較給与等支給額を新規雇用者給与等支給額に合わせる形で調整します。

　合併における新規雇用者比較給与等支給額の計算は，適用事業年度の合併によって増加した被合併法人に係る給与等支給額に相当する分を加算して調整します。

　また，分割における新規雇用者比較給与等支給額の計算は，適用事業年度の分割によって減少した切り離された事業の国内雇用者に係る給与等支給額に相当する部分（分割に伴い移転した従業員の数に基づいて計算）を減算して調整します（分割承継法人の場合には加算して調整します。）。また，適用事業年度における合併・分割に係る新設法人に本制度を適用することはできません。

※　措置法42条の12の5第4項は，同条3項の月数は，暦に従って計算し，1月に満たない端数を生じたときは，これを1月とすると規定しています。

6　雇用者給与等支給額

　措置法42条の12の5第3項10号は，「雇用者給与等支給額」を，法人の適用事業年度の所得の金額の計算上損金の額に算入される国内雇用者に対する給与等の支給額をいうと規定しています。

　国内雇用者に対する給与等の支給額なので，国内雇用者に該当しない役員の

特殊関係者や使用人兼務役員に対して支給する給与等は除かれます。

　改正前の措置法42条の12の5第3項4号は,「雇用者給与等支給額」を,「法人の各事業年度の所得の金額の計算上損金の額に算入される国内雇用者に対する給与等の支給額（その給与等に充てるため他の者（当該法人との間に連結完全支配関係がある他の連結法人及び当該法人が外国法人である場合の法人税法138条1項1号に規定する本店等を含む。）から支払を受ける金額がある場合には当該金額を控除した金額。以下この項において同じ。）をいう。」と規定していました。

　したがって,改正前の措置法42条の12の5第3項の4号以下の号において,「給与等の支給額」というと,「その給与等に充てるため他の者（当該法人との間に連結完全支配関係がある他の連結法人及び当該法人が外国法人である場合の法人税法138条1項1号に規定する本店等を含む。）から支払を受ける金額がある場合には当該金額を控除した金額」を意味しました。

　一方,改正後の措置法42条の12の5第3項5号は,「給与等の支給額」を,「給与等の支給額（その給与等に充てるため他の者から支給を受ける金額（雇用安定助成金額を除く。）がある場合には当該金額を控除した金額。以下この項において同じ。）」と規定しています。したがって,改正前の措置法42条の12の5第3項4号の規定する「雇用者給与等支給額」は,その給与等に充てるため他の者（当該法人との間に連結完全支配関係がある他の連結法人及び当該法人が外国法人である場合の法人税法138条1項1号に規定する本店等を含む。）から支払を受ける金額がある場合には当該金額を控除した金額を意味していましたが,改正後の措置法42条の12の5第3項10号の規定する「雇用者給与等支給額」は,「法人の適用事業年度の所得の金額の計算上損金の額に算入される国内雇用者に対する給与等の支給額からその給与等に充てるため他の者（当該法人との間に連結完全支配関係がある他の連結法人及び当該法人が外国法人である場合の法人税法138条1項1号に規定する本店等を含む。）から支払を受ける金額がある場合には当該金額を控除した金額」という点では改正前の措置法42条の12の5第3項4号の規定する「雇用者給与等支給額」

と同じですが，控除する金額から雇用安定助成金額が除かれている点が改正前の措置法42条の12の5第3項4号の規定する「雇用者給与等支給額」と異なることになります。

改正前の「雇用者給与等支給額」 　　改正後の「雇用者給与等支給額」

| 法人の各事業年度の所得の金額の計算上損金の額に算入される国内雇用者に対する給与等の支給額（その給与等に充てるため他の者（当該法人との間に連結完全支配関係がある他の連結法人及び当該法人が外国法人である場合の法人税法第138条第1項第1号に規定する本店等を含む。）から支払を受ける金額がある場合には，当該金額を控除した金額。）（改正前の措置法42条の12の5第3項4号） | 法人の適用事業年度の所得の金額の計算上損金の額に算入される国内雇用者に対する給与等の支給額（その給与等に充てるため他の者から支給を受ける金額（雇用安定助成金額を除く。）がある場合には当該金額を控除した金額。）（改正後の措置法42条の12の5第3項5号，10号） |

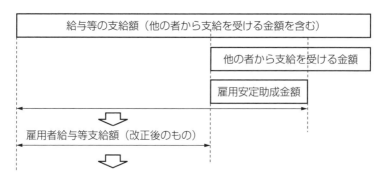

7 比較雇用者給与等支給額

　措置法42条の12の5第3項11号は，「比較雇用者給与等支給額」を，法人の適用事業年度開始の日の前日を含む事業年度（前事業年度）の所得の金額の計算上損金の額に算入される国内雇用者に対する給与等の支給額と規定しています。

　国内雇用者に対する給与等の支給額なので，国内雇用者に該当しない役員の特殊関係者や使用人兼務役員に対して支給する給与等は除かれます。

　改正前の措置法42条の12の5第3項4号は，「雇用者給与等支給額」を，「法人の各事業年度の所得の金額の計算上損金の額に算入される国内雇用者に対する給与等の支給額（その給与等に充てるため他の者（当該法人との間に連結完全支配関係がある他の連結法人及び当該法人が外国法人である場合の法人税法138条1項1号に規定する本店等を含む。）から支払を受ける金額がある場合には当該金額を控除した金額。以下この項において同じ。）をいう。」と規定していました。

　そして，改正前の措置法42条の12の5第3項5号は，比較雇用者給与等支給額を，「法人の適用事業年度開始の日の前日を含む事業年度の所得の金額の計算上損金の額に算入された国内雇用者に対する給与等の支給額をいう。」と規定していました。

　同項4号は，「給与等の支給額（その給与等に充てるため他の者（当該法人との間に連結完全支配関係がある他の連結法人及び当該法人が外国法人である場合の法人税法138条1項1号に規定する本店等を含む。）から支払を受ける金額がある場合には当該金額を控除した金額。以下この項において同じ。）」と規定していたので，比較雇用者給与等支給額を規定していた改正前の措置法42条の12の5第3項5号においても給与等の支給額は「その給与等に充てるため他の者（当該法人との間に連結完全支配関係がある他の連結法人及び当該法人が外国法人である場合の法人税法138条1項1号に規定する本店等を含

む。）から支払を受ける金額がある場合には当該金額を控除した金額」を意味
していました。

　改正後の措置法42条の12の5第3項5号は同号における「給与等の支給
額」を「その給与等に充てるため他の者（当該法人との間に連結完全支配関係
がある他の連結法人及び当該法人が外国法人である場合の法人税法138条1項
1号に規定する本店等を含む。）から支払を受ける金額（雇用安定助成金額を除
く。）がある場合には当該金額を控除した金額。以下この項において同じ。」と
規定しています。

　したがって，改正前の措置法42条の12の5第3項5号の規定する「比較
雇用者給与等支給額」は，その給与等に充てるため他の者（当該法人との間に
連結完全支配関係がある他の連結法人及び当該法人が外国法人である場合の法
人税法138条1項1号に規定する本店等を含む。）から支払を受ける金額があ
る場合には当該金額を控除した金額を意味していましたが，改正後の措置法
42条の12の5第3項11号の規定する「比較雇用者給与等支給額」は，「法
人の適用事業年度開始の日の前日を含む事業年度の所得の金額の計算上損金の
額に算入される国内雇用者に対する給与等の支給額から，その給与等に充てる
ため他の者（当該法人との間に連結完全支配関係がある他の連結法人及び当該
法人が外国法人である場合の法人税法138条1項1号に規定する本店等を含
む。）から支払を受ける金額がある場合には当該金額を控除した金額」という
点では改正前の措置法42条の12の5第3項5号の規定する「比較雇用者給
与等支給額」と同じですが，控除する金額から雇用安定助成金額が除かれてい
る点が改正前の措置法42条の12の5第3項4号の規定する「比較雇用者給
与等支給額」と異なることになります。

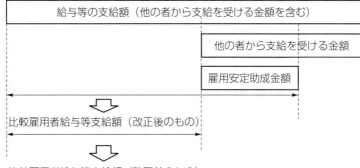

なお，次の場合には，それぞれ次に掲げる金額になります。

措置法42条の12の5第3項11号イの連結事業年度の月数と同号イの適用事業年度の月数とが異なる場合又は同号ロに掲げる場合において，その給与等の支給額の計算の基礎となる給与等に充てるための雇用安定助成金額があるときは，その給与等の支給額から雇用安定助成金額を控除してからこの調整計算をすることとされています（措令27の12の5㉑一）。

イ 当該適用事業年度開始の日の前日を含む事業年度が連結事業年度に該当する場合

　当該前日を含む連結事業年度の連結所得の金額の計算上損金の額に算入される国内雇用者に対する給与等の支給額（当該連結事業年度の月数と当該適用事業年度の月数とが異なる場合には，その月数に応じ政令で定めるところにより計算した金額）

ロ 前事業年度の月数と当該適用事業年度の月数が異なる場合（イの場合を除く。）

　その月数に応じ政令で定めるところにより計算した金額

措置法施行令27条の12の5第19項は，同条5項の規定は，措置法42条の12の5第3項11号イに規定する政令で定めるところにより計算した金額について，同条6項の規定は措置法42条の12の5第3項11号ロに規定する政令で定めるところにより計算した金額について，それぞれ準用すると規定し

ています。
　この場合において，同条5項1号中「国内新規雇用者（同項5号に規定する国内新規雇用者をいう。以下この条において同じ。）」とあり，並びに同項2号イ並びに6項1号及び2号イ中「国内新規雇用者」とあるのは「国内雇用者」と読み替えるものとするとされています。

8　調整雇用者給与等支給増加額

　措置法42条の12の5第3項4号は，調整雇用者給与等支給増加額を次のイに掲げる金額からロに掲げる金額を控除した金額をいうと規定しています。
イ　雇用者給与等支給額（当該雇用者給与等支給額の計算の基礎となる給与等に充てるための雇用安定助成金額がある場合には，当該雇用安定助成金額を控除した金額）
ロ　比較雇用者給与等支給額（当該比較雇用者給与等支給額の計算の基礎となる給与等に充てるための雇用安定助成金額がある場合には，当該雇用安定助成金額を控除した金額）

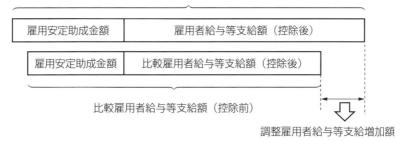

9　控除対象新規雇用者給与等支給額

　措置法42条の12の5第3項4号は，「控除対象新規雇用者給与等支給額」

を，法人の各事業年度の所得の金額の計算上損金の額に算入される国内新規雇用者に対する給与等の支給額（その給与等に充てるため他の者（その法人との間に連結完全支配関係がある他の連結法人及びその法人が外国法人である場合の法人税法138条1項1号に規定する本店等を含む。）から支払を受ける金額がある場合には，当該金額を控除した金額）のうち当該法人の当該適用事業年度の調整雇用者給与等支給増加額に達するまでの金額をいうと規定しています。

※　国内新規雇用者は，一般被保険者に限定されません。
※　その給与等に充てるため他の者から支払を受ける金額がある場合には，当該金額を控除しますが，雇用安定助成金額も除かず，控除する金額に含めて控除します。

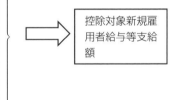
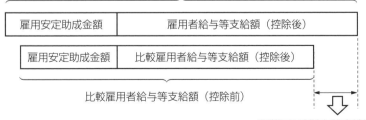

10 控除対象雇用者給与等支給増加額

　措置法42条の12の5第3項12号は,「控除対象雇用者給与等支給増加額」を中小企業者等の雇用者給与等支給額から当該中小企業者等の比較雇用者給与等支給額を控除した金額(当該金額が当該中小企業者等の適用事業年度の調整雇用者給与等支給増加額を超える場合には,当該調整雇用者給与等支給増加額)をいうと規定しています。

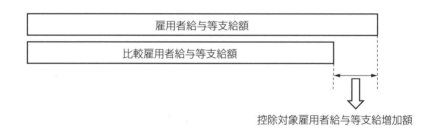

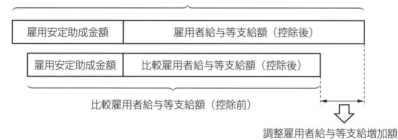

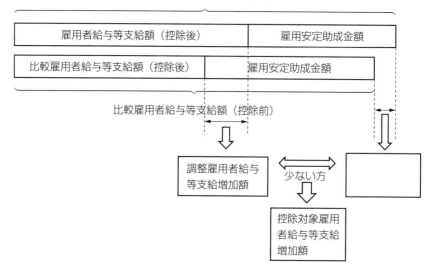

（計算のフローチャート）

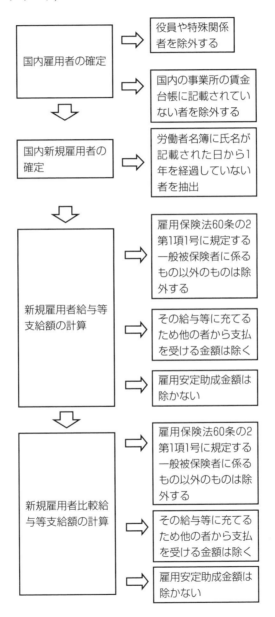

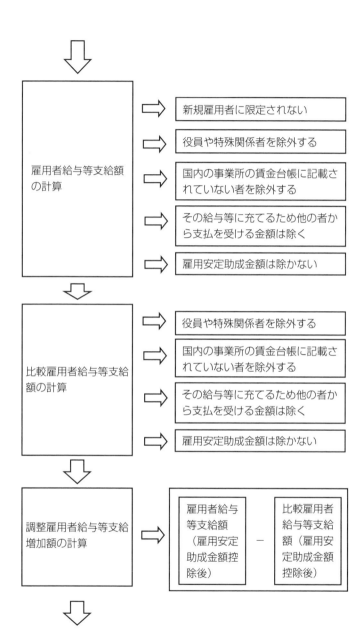

```
┌─────────────────────────┐        ┌─────────────────────────┐
│ 控除対象新規雇用者給与等支給 │  ⇒    │ その給与等に充てるため他 │
│ 額の確定                 │        │ の者から支払を受ける金額 │
│          ⇩              │        │ は除く                   │
│ 国内新規雇用者に対する給与等 │        └─────────────────────────┘
│ の支給額（その給与等に充てる │        ┌─────────────────────────┐
│ ため他の者（その法人との間に │  ⇒    │ 給与等に充てるため他の者 │
│ 連結完全支配関係がある他の連 │        │ から支払を受ける金額から │
│ 結法人及びその法人が外国法人 │        │ 雇用安定助成金額は除かれ │
│ である場合の法人税法138条1項 │        │ ていない                 │
│ 1号に規定する本店等を含む。） │        │          ⇩              │
│ から支払を受ける金額がある場 │        │ 雇用安定助成金額も控除さ │
│ 合には，当該金額を控除した金 │        │ れる。                   │
│ 額）                     │        └─────────────────────────┘
│          ⇩              │        ┌─────────────────────────┐
│ 調整雇用者給与等支給増加額が │  ⇒    │ 雇用保険の一般被保険者に │
│ 上限                     │        │ 限らない。               │
└─────────────────────────┘        └─────────────────────────┘

┌─────────────────────────┐        ┌─────────────────────────┐
│ 控除対象雇用者給与等支給増加 │  ⇒    │ その給与等に充てるため他 │
│ 額の確定                 │        │ の者から支払を受ける金額 │
│          ⇩              │        │ は除く                   │
│ 雇用者給与等支給額から比較雇 │        │          ⇩              │
│ 用者給与等支給額を控除した金 │        ┌─────────────────────────┐
│ 額                       │  ⇒    │ 給与等に充てるため他の者 │
│          ⇩              │        │ から支払を受ける金額から │
│ 調整雇用者給与等支給増加額が │        │ 雇用安定助成金額は除かれ │
│ 上限                     │        │ ている                   │
└─────────────────────────┘        │          ⇩              │
                                    │ 雇用安定助成金額は控除さ │
                                    │ れない。                 │
                                    └─────────────────────────┘
```

11 教育訓練費

　措置法42条の12の5第3項7号は，「教育訓練費」を，国内雇用者の職務に必要な技術又は知識を習得させ，又は向上させるために支出する費用で政令で定めるものをいうと規定しています。その教育訓練費に充てるため他の者（その法人との間に連結完全支配関係がある他の連結法人及びその法人が外国

法人である場合の法人税法 138 条 1 項 1 号に規定する本店等を含む。）から支払を受ける金額がある場合には当該金額を控除した後の金額をいいます（措法 42 の 12 の 5 ①二，②二イ，③八）。

> ※ 教育訓練の対象は国内雇用者であり，国内の事業所において新たに雇用した者に限定されませんが，内定者等の入社予定者は対象になりません。
> ※ 法人の所有する研修に利用する施設等の水道光熱費等，維持管理費用，改修費，修繕費，減価償却費等は含まれません。
> 自社の研修施設を新たに取得した場合の当該取得費も教育訓練費には含まれません。
> また，テキスト等の教材費も含まれません。
> ※ 福利厚生目的など教育訓練目的以外のものは含まれません。

措置法施行令 27 条の 12 の 5 第 13 項は，「教育訓練費」を次のとおり定めています。

(1) 法人がその国内雇用者に対して，教育，訓練，研修，講習その他これらに類するもの（教育訓練等）を自ら行う場合

イ　教育訓練等のために講師又は指導者（当該法人の役員又は使用人である者を除く。）に対して支払う報酬その他の財務省令で定める費用

> ※ 措置法施行規則 20 条の 10 第 4 項
> 措置法施行令 27 条の 12 の 4 の 2 第 13 項 1 号イに規定する財務省令で定める費用は，同号に規定する教育訓練等のために同号イに規定する講師又は指導者（講師等）に対して支払う報酬，料金，謝金その他これらに類するもの及び講師等の旅費（教育訓練等を行うために要するものに限る。）のうち当該法人が負担するもの並びに教育訓練等に関する計画又は内容の作成について当該教育訓練等に関する専門的知識を有する者（当該法人の役員（法人税法 42 条の 12 の 5 第 3 項 9 号に規定する役員をいう。）又は使用人である者を除く。）に委託している場合の当該専門的知識を有する者に対して支払う委託費その他これに類するものとする。

講義・指導等の内容は，大学等の教授等による座学研修や専門知識の伝授のほか，技術指導員等による技術・技能の現場指導などを行う場合も対象となります。

招聘する外部講師等は，当該法人の役員又は使用人以外の者でなければなりませんが，当該法人の子会社，関連会社等のグループ企業の役員又は使用人でもかまいません。

　外部の専門家・技術者に対し，契約により，継続的に講義・指導等の実施を依頼する場合の費用も対象になります。

　外部講師等の個人に対して報酬等を直接支払う場合に限らず，法人から講師等の派遣を受けその対価をその法人に支払う場合の費用も対象となります。

　講義・指導等の対価として支払う報酬等に限らず，当該法人が負担する外部講師等の招聘に要する費用（交通費，旅費，宿泊費，食費等）も対象となります。

　また，教育訓練等に関する計画や内容の作成について，外部の専門的知識を有する者に委託する費用も対象になります。

　会社の教育訓練担当部署が，教育訓練プログラム等を作成するための内部検討資料として書籍を購入した場合の書籍購入費用は教育訓練費には含まれません。

ロ　教育訓練等のために施設，設備その他の資産を賃借する費用その他これに類する財務省令で定める費用

　　※　措置法施行規則20条の10第5項

　　　　措置法施行令27条の12の4の2第13項1号ロに規定する財務省令で定める費用は，コンテンツ（文字，図形，色彩，音声，動作若しくは映像又はこれらを組み合わせたものをいう。）の使用料（コンテンツの取得に要する費用に該当するものを除く。）とする。

　　※　当該法人の子会社，関連会社等のグループ企業の所有する施設等を賃借する場合も対象になります。

　　※　その施設等が普段は生産等の企業活動に用いられている場合であっても，賃借して使用する者が，教育訓練等を行うために賃借等する場合は，対象になります。

　　※　施設・備品等の賃借又は使用の対価として支払う費用（使用料，利用料，賃借料，借上料，レンタル料，リース料）が対象になります。教育訓練等のために使用されている契約期間であれば，その実際の契約期間に制約さ

れません。
- ・　施設の例：研修施設，会議室，実習室等
- ・　設備の例：教育訓練用シミュレーター設備等
- ・　器具・備品の例：OHP，プロジェクター，ホワイトボード，パソコン等
- ・　コンテンツの例：コンテンツ DVD，e-ラーニング内のコンテンツ
- ※　教材の購入・製作に要する費用（教材となるソフトウェアやコンテンツの開発費を含む。）は対象となりませんが，他の者に委託して教育訓練等を行わせる場合の委託費の中に，教材の購入・製作に要する費用が含まれているような場合は対象となります。

(2)　法人から委託を受けた他の者（当該法人との間に連結完全支配関係がある他の連結法人及び当該法人が外国法人である場合の法人税法 138 条 1 項 1 号に規定する本店等を含む。）が教育訓練等を行う場合

当該教育訓練等を行うために当該他の者に対して支払う費用

- ※　事業として教育訓練を行っている外部教育機関（民間教育会社，公共職業訓練機関，商工会議所等）に限らず，これら以外の一般企業も対象になり，また，当該法人の子会社，関連会社等グループ内の教育機関，一般企業も対象になります。

(3)　法人がその国内雇用者を他の者が行う教育訓練等に参加させる場合

当該他の者に対して支払う授業料その他の財務省令で定める費用

- ※　措置法施行規則 20 条の 10 第 6 項
  　措置法施行令 27 条の 12 の 4 の 2 第 13 項 3 号に規定する財務省令で定める費用は，授業料，受講料，受験手数料その他の同号の他の者が行う教育訓練等に対する対価として支払うものとする。
- ※　法人がその国内雇用者を他の者が行う教育訓練等（研修講座，講習会，研修セミナー，技術指導等）に参加させる費用が典型的なものです。
- ※　法人が直接又は国内雇用者を通じて間接的に他の者に支払う費用が対象になりますが，当該国内雇用者が費用の一部を負担する場合には，その負担された金額は教育訓練費の額から控除します。

※　他の者が行う教育訓練等に対する対価として当該他の者に支払う授業料，受講料，参加料，指導料等，通信教育に係る費用等が対象になり，研修講座等の一環で資格試験が行われる場合に負担する受験手数料も対象とされているほか，研修講座等で使用する教科書代などの教材費が対価に含まれている場合も，その全額が対象になるものと考えられます。

ただし，直接的な費用ではない大学等への寄附，保険料や教育訓練等に関連する国内雇用者の旅費，交通費，食費，宿泊費，住居費（研修の参加に必要な交通費やホテル代，海外留学時の住居費等）は他の者に支払うものであっても対象とはなりません。また，学資金も対象になりません。

※　組合がその組合員である法人の国内雇用者に対して教育訓練等を実施する場合に徴収する賦課金は対象となりませんが，組合が主催する研修セミナー等に国内雇用者を参加させる場合の対価として支払われる費用は，対象になるものと考えられます。

※　教育訓練等に参加させる国内雇用者のその参加期間中の給与や参加に伴う報奨金については，教育訓練費には該当しません。

また，教育訓練に参加した社員が資格を取得した場合に法人が社員に支払う報奨金も教育訓練費には該当しません。

※　法人がその国内雇用者を国内外の大学院コース等に参加させる場合に大学院等に支払う授業料等の聴講に要する費用，教科書等の費用も対象になりますが，使用人が個人として負担すべき費用を法人が肩代わりしているものとして，所得税法上給与所得に該当するものは対象になりません。

※　教育訓練担当部署（人事部，研修部等）に勤務する従業員に支払った給与等の人件費は，教育訓練費には該当しません。

12 比較教育訓練費

措置法 42 条の 12 の 5 第 3 項 8 号は，「比較教育訓練費の額」を，法人の適用事業年度開始の日前 1 年以内に開始した各事業年度の所得の金額の計算上損金の額に算入される教育訓練費の額（当該法人の適用事業年度開始の日前 1 年以内に開始した連結事業年度（1 年以内連結事業年度）にあっては，当該 1 年以内連結事業年度の連結所得の金額の計算上損金の額に算入される教育訓練費の額とし，当該各事業年度の月数（1 年以内連結事業年度にあっては，当該法

人の当該1年以内連結事業年度の月数）と当該適用事業年度の月数とが異なる場合には，これらの教育訓練費の額に当該適用事業年度の月数を乗じてこれを当該各事業年度の月数で除して計算した金額とする。）の合計額を当該1年以内に開始した各事業年度の数（1年以内連結事業年度の数を含む。）で除して計算した金額をいうと規定しています。

改正後の「比較教育訓練費の額」の計算は，改正前の「中小企業比較教育訓練費の額」の計算と同じです。

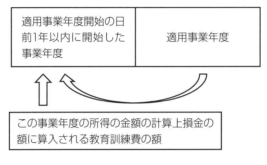

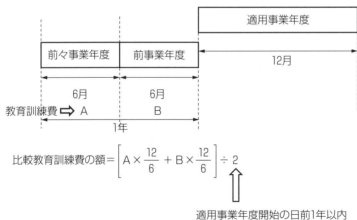

13 中小企業者等（措法 42 の 12 の 5 ②）

　「中小企業者等」とは，措置法 42 条の 4 第 8 項 7 号に規定する中小企業者（適用除外事業者に該当するものを除く。）又は同項 9 号に規定する農業協同組合等で青色申告書を提出するものをいうとされています。

　具体的には次のとおりです。

(1)　中小企業者

　ア　資本金の額若しくは出資金の額が 1 億円以下の法人のうち次に掲げる法人以外の法人

①	その発行済株式又は出資の総数又は総額の 2 分の 1 以上が同一の大規模法人（資本金の額若しくは出資金の額が 1 億円を超える法人又は資本若しくは出資を有しない法人のうち常時使用する従業員の数が 1,000 人を超える法人又は次に掲げる法人をいい，中小企業投資育成株式会社を除く。②において同じ。）の所有に属している法人 イ　大法人（次に掲げる法人をいう。）との間に当該大法人による完全支配関係（法人税法 2 条 12 号の 7 の 6 に規定する完全支配関係をいう。）がある普通法人 　(1)　資本金の額又は出資金の額が 5 億円以上である法人 　(2)　保険業法 2 条 5 項に規定する相互会社及び同条 10 項に規定する外国相互会社のうち，常時使用する従業員の数が 1,000 人を超える法人 　(3)　法人税法 4 条の 7（受託法人等に関するこの法律の適用）に規定する受託法人 ロ　普通法人との間に完全支配関係がある全ての大法人が有する株式（投資信託及び投資法人に関する法律 2 条 14 項に規定する投資口を含む。）及び出資の全部を当該全ての大法人のうちいずれか一の法人が有するものとみなした場合において当該いずれか一の法人と当該普通法人の間に当該いずれか一の法人による完全支配関係があることとなるときの当該普通法人
②	①に掲げるもののほか，その発行済株式又は出資の総数又は総額の 3 分の 2 以上が大規模法人の所有に属している法人

　イ　資本若しくは出資を有しない法人のうち常時使用する従業員の数が 1,000 人以下の法人

(2) 農業協同組合等

- ・ 農業協同組合
- ・ 農業協同組合連合会
- ・ 中小企業等協同組合
- ・ 出資組合である商工組合及び商工組合連合会
- ・ 内航海運組合
- ・ 内航海運組合連合会
- ・ 出資組合である生活衛生同業組合
- ・ 漁業協同組合
- ・ 漁業協同組合連合会
- ・ 水産加工業協同組合
- ・ 水産加工業協同組合連合会
- ・ 森林組合
- ・ 森林組合連合会

(3) 中小企業者であるかどうかの判定の時期

　法人が中小企業者に該当するかどうかは，適用事業年度終了の時の現況によって判定することとされています（措通42の12の5-1）。

14 調整前法人税額

　調整前法人税額とは，措置法42条の4第8項2号に規定する調整前法人税額をいいます（措法42の12の5①）。

　具体的には，次の各規定を適用しないで計算した場合の法人税の額（国税通則法2条4号に規定する附帯税の額を除く。）をいいます。

① 措置法42条の4（試験研究を行った場合の法人税額の特別控除）

② 同法42条の6第2項及び3項（中小企業者等が機械等を取得した場合の特別償却又は法人税額の特別控除）

③ 同法42条の9第1項及び2項（沖縄の特定地域において工業用機械等を

取得した場合の法人税額の特別控除）

④　同法 42 条の 10 第 2 項（国家戦略特別区域において機械等を取得した場合の法人税額の特別控除）

⑤　同法 42 条の 11 第 2 項（国家戦略総合特別区域において機械等を取得した場合の法人税額の特別控除）

⑥　同法 42 条の 11 の 2 第 2 項（地域経済牽引事業の促進区域内において特定事業用機械等を取得した場合の法人税額の特別控除）

⑦　同法 42 条の 11 の 3 第 2 項（地方活力向上地域等において特定建物等を取得した場合の法人税額の特別控除）

⑧　同法 42 条の 12（地方活力向上地域等において雇用者の数が増加した場合の法人税額の特別控除）

⑨　同法 42 条の 12 の 2（認定地方公共団体の寄附活用事業に関連する寄附をした場合の法人税額の特別控除）

⑩　同法 42 条の 12 の 4 第 2 項及び 3 項（中小企業者等が特定経営力向上設備等を取得した場合の法人税額の特別控除）

⑪　同法 42 条の 12 の 5（給与等の支給額が増加した場合の法人税額の特別控除）

⑫　同法 42 条の 12 の 6 第 2 項（認定特定高度情報通信技術活用設備を取得した場合の法人税額の特別控除）

⑬　同法 42 条の 12 の 7 第 4 項から 6 項まで（事業適応設備を取得した場合等の法人税額の特別控除）

⑭　同法 66 条の 7 第 5 項（控除対象所得税額等相当額の法人税額の特別控除）

⑮　同法 66 条の 9 の 3 第 4 項（控除対象所得税額等相当額の法人税額の特別控除）

⑯　同法 62 条 1 項（使途秘匿金の支出がある場合の課税の特例）

⑰　同法 62 条の 3 第 1 項及び 9 項（土地の譲渡等がある場合の特別税率）

⑱　同法 63 条 1 項（短期所有に係る土地の譲渡等がある場合の特別税率）

⑲　法人税法 67 条（特定同族会社の特別税率）

⑳　同法 68 条（所得税額の控除）

㉑　同法 69 条（外国税額の控除）

㉒　同法 69 条の 2（分配時調整外国税相当額の控除）

㉓　同法 70 条（仮装経理に基づく過大申告の場合の更正に伴う法人税額の控除）

㉔　同法 70 条の 2（税額控除の順序）

㉕　同法 144 条（外国法人に係る所得税額の控除）

㉖　同法 144 条の 2（外国法人に係る外国税額の控除）

㉗　同法 144 条の 2 の 2（外国法人に係る分配時調整外国税相当額の控除）

㉘　同法 144 条の 2 の 3（税額控除の順序）

㉙　震災税特法 17 条の 2 第 2 項及び 3 項（特定復興産業集積区域において機械等を取得した場合の法人税額の特別控除等）

㉚　震災税特法 17 条の 2 の 2 第 2 項及び 3 項（企業立地促進区域等において機械等を取得した場合の法人税額の特別控除等）

㉛　震災税特法 17 条の 2 の 3 第 2 項及び 3 項（避難解除区域等において機械等を取得した場合の法人税額の特別控除等）

㉜　震災税特法 17 条の 3（特定復興産業集積区域において被災雇用者等を雇用した場合の法人税額の特別控除）

㉝　震災税特法 17 条の 3 の 2（企業立地促進区域等において避難対象雇用者等を雇用した場合の法人税額の特別控除）

㉞　震災特税法 17 条の 3 の 3（避難解除区域等において避難対象雇用者等を雇用した場合の法人税額の特別控除）

㉟　「なお従前の例による」こととされる旧措置法 42 条の 5 第 2 項（高度省エネルギー増進設備等を取得した場合の法人税額の特別控除）

　　(注)　令和 3 年 4 月 1 日前に取得又は製作若しくは建設をした高度省エネルギー増進設備等及び同日前に確認書の交付又は認定を受けた法人の令和 4 年 3 月 31 日までに取得又は製作若しくは建設をする高度省エネルギー増進設備等については従前どおりとされています（改正法附則 44

条)。

㊱ 「なお従前の例による」こととされる旧措置法 42 条の 12 の 3 第 2 項及び
3 項（特定中小企業者等が経営改善設備を取得した場合の法人税額の特別控
除等）

V 措置法42条の12（地方活力向上地域等において雇用者の数が増加した場合の法人税額の特別控除）の規定の適用を受ける場合の税額控除額の計算

　措置法42条の12の5第1項の規定する税額控除は控除対象新規雇用者給与等支給額の15％あるいは20％が税額控除の金額となり，措置法42条の12の5第2項の規定する税額控除は控除対象雇用者給与等支給増加額の15％あるいは25％が税額控除の金額となりますが，いずれの場合にも，措置法42条の12の規定の適用を受ける場合には，15％，20％，25％の割合を乗ずる「控除対象新規雇用者給与等支給額」及び「控除対象雇用者給与等支給増加額」は，「控除対象新規雇用者給与等支給額から措置法42条の12の規定による控除を受ける金額の計算の基礎となった者に対する給与等の支給額として政令（措令27の12の5①）で定めるところにより計算した金額を控除した残額」，「控除対象雇用者給与等支給増加額から措置法42条の12の規定による控除を受ける金額の計算の基礎となった者に対する給与等の支給額として政令（措令27の12の5①，②）で定めるところにより計算した金額を控除した残額」になります。

1　措置法42条の12の5第1項の場合

　措置法42条の12の5第1項の場合の「政令で定めるところにより計算した金額」は，適用事業年度に係る同条3項4号イに規定する雇用者給与等支給額を適用事業年度終了の日における措置法42条の12第5項3号に規定する雇用者の数で除して計算した金額に次の(1)及び(2)の数を合計した数（当該合計した数が地方事業所基準雇用者数（同条1項2号イに規定する地方事業所基準雇用者数をいう。）を超える場合には地方事業所基準雇用者数）を乗じて計算した金額の20％に相当する金額です。

※　措置法42条の12の5第3項4号イに規定する雇用者給与等支給額
　　措置法42条の12の5第3項4号イに規定する「雇用者給与等支給額」というのは,「雇用者給与等支給額」から「当該雇用者給与等支給額」の計算の基礎となる給与等に充てるための雇用安定助成金額(国又は地方公共団体から受ける雇用保険法62条1項1号に掲げる事業として支給が行われる助成金その他これに類するものをいう。)がある場合には当該雇用安定助成金額を控除した金額をいいます(措置法42条の12の5第3項4号イ)。

そして,措置法42条の12の5第3項における「雇用者給与等支給額」というのは,「法人の適用事業年度の所得の金額の計算上損金の額に算入される国内雇用者に対する給与等の支給額」をいい(同項10号),同項10号にいう「給与等の支給額」というのは,その給与等に充てるため他の者から支払を受ける金額(雇用安定助成金額を除く。)がある場合には,当該金額を控除した金額をいいます(同項5号)。

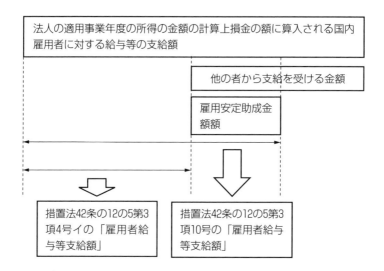

※　雇用者
　　ここでいう「雇用者」とは,措置法42条の12第5項3号に規定する雇用者をいいますので,法人の使用人のうち一般被保険者(雇用保険法60条の2第1項に規定する一般被保険者をいいます。)に該当するものをいいます。

そして，使用人からは，その法人の役員と特殊の関係のある者及び法人の使用人としての職務を有する役員を除くこととされています。

(1) 適用事業年度において措置法42条の12第1項の規定の適用を受ける場合におけるその適用事業年度の特定新規雇用者基礎数

すなわち，適用事業年度における措置法42条の12第1項の規定の適用による税額控除限度額の計算の基礎となった雇用者の数です。

※　特定新規雇用者基礎数

特定新規雇用者基礎数とは，措置法42条の12第1項2号イに規定する特定新規雇用者基礎数をいいます。

すなわち，適用事業年度の地方事業所基準雇用者数（措法42の12⑤六）（地方事業所基準雇用者数（措置法42条の12第1項2号イに規定する地方事業所基準雇用者数をいう。）が基準雇用者数を超える場合には基準雇用者数）のうち適用事業年度の特定新規雇用者数（措法42の12⑤八）に達するまでの数をいいます。

※　措置法42条の12の5第1項2号イに規定する地方事業所基準雇用者数

措置法42条の12第5項6号は，「地方事業所基準雇用者数」を，適用事業年度開始の日から起算して2年前の日から適用事業年度終了の日までの間に地方活力向上地域等特定業務施設整備計画について計画の認定を受けた法人の当該計画の認定に係る特定業務施設（適用対象特定業務施設）のみを当該法人の事業所とみなした場合における基準雇用者数として政令で定めるところにより証明がされた数をいうと規定しています。

措置法42条の12第1項2号イに規定する地方事業所基準雇用者数というのは，当該地方事業所基準雇用者数が適用事業年度の基準雇用者数を超える場合には，当該基準雇用者数をいうことになります。

※　基準雇用者数

措置法42条の12第5項5号は，「基準雇用者数」を，適用事業年度終了の日における雇用者の数から当該適用事業年度開始の日の前日における雇用者（適用事業年度終了の日において高年齢雇用者（同項4号）に該当する者を除く。）の数を減算した数をいうと規定しています。

※　特定新規雇用者数

措置法42条の12第5項8号は，「特定新規雇用者数」を，適用対象特定業務施設において適用事業年度に新たに雇用された特定雇用者（同項7号）

で当該適用事業年度終了の日において当該適用対象特定業務施設に勤務するものの数として政令で定めるところにより証明がされた数をいうと規定しています。

※　特定雇用者

　　措置法42条の12第5項7号は,「特定雇用者」を次に掲げる要件を満たす雇用者をいうと規定しています。

①　その法人との間で労働契約法17条1項に規定する有期労働契約以外の労働契約を締結していること

②　短時間労働者及び有期雇用労働者の雇用管理の改善等に関する法律2条1項に規定する短時間労働者でないこと

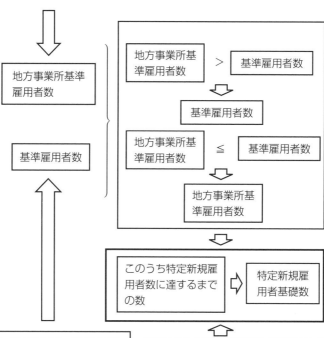

(2)　当該法人が当該適用事業年度において措置法 42 条の 12 第 2 項の
　　規定の適用を受ける場合における当該適用事業年度の同条 1 項 2 号
　　ロに規定する基準雇用者数として政令で定めるところにより証明が
　　された数のうち同号ロに規定する総数として政令で定めるところに
　　より証明がされた数に達するまでの数から同項の規定の適用を受け
　　る場合における当該適用事業年度の特定新規雇用者基礎数のうち同
　　号イに規定する移転型特定新規雇用者数に達するまでの数を控除し
　　た数

　　※　措置法 42 条の 12 第 1 項 2 号ロに規定する基準雇用者数として政令で定め
　　　るところにより証明がされた数
　　　　措置法施行令 27 条の 12 第 4 項は，措置法 42 条の 12 第 1 項 2 号ロに規定
　　　する基準雇用者数として政令で定めるところにより証明がされた数は，移転
　　　型特定業務施設のみを同号ロの法人の事業所とみなした場合における適用
　　　事業年度の基準雇用者数の計算の基礎となる雇用者（同条 5 項 3 号に規定す
　　　る雇用者をいう。）の数について記載された財務省令で定める書類を確定申
　　　告書等に添付することにより証明がされた当該基準雇用者数とすると規定
　　　しています。
　　※　措置法 42 条の 12 第 1 項 2 号ロに規定する総数として政令で定めるところ
　　　により証明がされた数
　　　　措置法施行令 27 条の 12 第 5 項は，措置法 42 条の 12 第 1 項 2 号ロに規定
　　　する総数として政令で定めるところにより証明された数は，移転型特定業務
　　　施設において適用事業年度に新たに雇用された雇用者で当該適用事業年度
　　　終了の日において当該移転型特定業務施設に勤務するものの総数について
　　　記載された財務省令で定める書類を確定申告書等に添付することにより証
　　　明された当該雇用者の総数とすると規定しています。
　　※　移転型特定業務施設
　　　　「移転型特定業務施設」とは，適用事業年度開始の日から起算して 2 年前
　　　の日から当該適用事業年度終了の日までの間に地方活力向上地域等特定業
　　　務施設整備計画（地域再生法 17 条の 2 第 1 項 1 号に掲げる事業に関するも
　　　のに限る。）について計画の認定を受けた当該法人の当該計画の認定に係る
　　　特定業務施設（措置法 42 条の 12 第 5 項 2 号）をいいます（措置法施行令 27
　　　の 12 第 3 項，措置法 42 条の 12 第 1 項 2 号イ）。

※　移転型特定新規雇用者数

「移転型特定新規雇用者数」とは，移転型特定業務施設において適用事業年度に新たに雇用された特定雇用者で当該適用事業年度終了の日において当該移転型特定業務施設に勤務するものの数として政令で定めるところにより証明がされた数をいいます（措置法42条の12第1項2号イ）。

移転型特定業務施設のみを措置法42条の12第1項2号ロの法人の事業所とみなした場合における適用事業年度の基準雇用者数の計算の基礎となる雇用者の数について記載された財務省令で定める書類を確定申告書等に添付することにより証明がされた当該基準雇用者数

措置法42条の12第1項2号ロに規定する基準雇用者数として政令で定めるところにより証明がされた数　(A)

措置法42条の12第1項2号ロに規定する総数として政令で定めるところにより証明がされた数　(B)

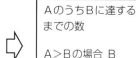

AのうちBに達するまでの数

A＞Bの場合　B

A≦Bの場合　A

ここから（I）の数を控除する。

移転型特定業務施設において適用事業年度に新たに雇用された雇用者で当該適用事業年度終了の日において当該移転型特定業務施設に勤務するものの総数について記載された財務省令で定める書類を確定申告書等に添付することによりが証明された当該雇用者の総数

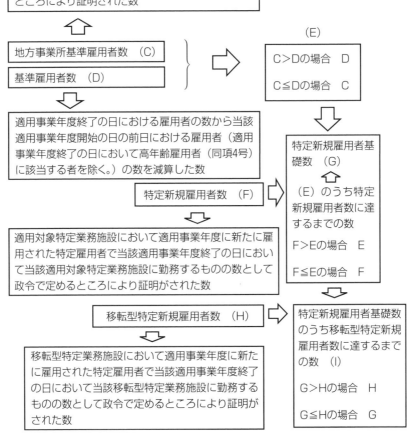

2 措置法 42 条の 12 の 5 第 2 項の場合

　措置法 42 条の 12 の 5 第 2 項の場合の「政令で定めるところにより計算した金額」は，適用事業年度に係る同条 3 項 4 号イに規定する雇用者給与等支給額を適用事業年度終了の日における措置法 42 条の 12 第 5 項 3 号に規定する雇用者の数で除して計算した金額に次の(1)及び(2)に掲げる数を合計した数（当該合計した数が地方事業所基準雇用者数を超える場合には地方事業所基準雇用者数）を乗じて計算した金額の 20 ％に相当する金額です。

(1) 当該中小企業者等が適用事業年度において措置法 42 条の 12 第 1 項の規定の適用を受ける場合における適用事業年度の特定新規雇用者基礎数と地方事業所基準雇用者数から新規雇用者総数を控除した数とを合計した数

　※　新規雇用者総数
　　「新規雇用者総数」とは，適用対象特定業務施設において適用事業年度に新たに雇用された雇用者で当該適用事業年度の終了の日において当該適用対象特定業務施設に勤務するものの総数として政令で定めるところに証明がされた数をいいます（措置法 42 条の 12 第 5 項 9 号）。

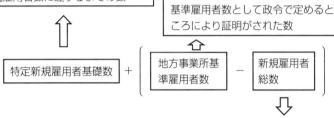

(2) 当該中小事業者等が当該適用事業年度において措置法42条の12第2項の規定の適用を受ける場合における当該適用事業年度の措置法42条の12第1項2号ロに規定する基準雇用者数として政令で定めるところにより証明がされた数から特定新規雇用者基礎数のうち移転型特定新規雇用者数に達するまでの数と地方事業所基準雇用者数から新規雇用者総数を控除した数のうち同条1項2号ロに規定する移転型非新規基準雇用者数に達するまでの数とを合計した数を控除した数

※ 移転型非新規基準雇用者数
「移転型非新規基準雇用者数」は，移転型特定業務施設のみを当該法人の事業所とみなした場合における当該適用事業年度の基準雇用者数として政令で定めるところにより証明がされた数から移転型特定業務施設において当該適用事業年度に新たに雇用された雇用者で当該適用事業年度終了の日

において当該移転型特定業務施設に勤務するものの総数として政令で定めるところにより証明がされた数を控除した数をいいます（措置法42条の12第1項2号ロ）。

| 基準雇用者数として政令で定めるところにより証明がされた数 | − | 特定新規雇用者基礎数のうち移転型特定新規雇用者数に達するまでの数 | + | 地方事業所基準雇用者数から新規雇用者総数を控除した数のうち移転型非新規雇用者数に達するまでの数 |

Ⅵ　組織再編成がある場合

1　新規雇用者比較給与等支給額

　適用対象法人が合併法人，分割法人，分割承継法人，現物出資法人，被現物出資法人，現物分配法人又は被現物分配法人である場合における新規雇用者比較給与等支給額の計算は，次の区分に応じて，調整を行うこととされています。

ア　適用対象法人が適用事業年度において行われた合併に係る合併法人の場合

　合併法人（＝適用対象法人）の調整対象年度については，各調整対象年度ごとに，その合併法人のその各調整対象年度に係る国内新規雇用者のうち一般被保険者に該当するものに対する給与等の支給額に，その各調整対象年度に含まれる月のその合併に係る被合併法人の月別給与等支給額を合計した金額にその合併の日からその適用事業年度終了の日までの期間の月数を乗じてこれをその適用事業年度の月数で除して計算した金額を加算することとされています（措令27の12の5⑦一）。

　つまり，措置法施行令27条の12の5第5項，6項に規定する調整がない場合には，この加算調整をした後の国内新規雇用者のうち一般被保険者に該当するものに対する給与等の支給額が，その適用事業年度の新規雇用者比較支給額となります。

　なお，前事業年度の月数と適用事業年度の月数とが異なる場合には，この加算調整後の国内新規雇用者のうち一般被保険者に該当するものに対する給与等の支給額を基礎として，措置法施行令27条の12の5第5項，6項により，新規雇用者比較給与等支給額の調整計算を行うことになります。

　　※　調整対象年度
　　　調整対象年度とは，基準日から適用事業年度開始の日の前日までの期間内

82

の日を含む各事業年度をいい，その期間内の日を含む事業年度が連結事業年度に該当する場合にはその期間内の日を含む連結事業年度とし，合併法人が未経過法人に該当する場合には基準日からその合併法人の設立の日の前日までの期間を合併法人の事業年度とみなした場合におけるそのみなした事業年度を含むこととされています（措令27の12の5⑦一）。

※　月別給与等支給額

月別給与等支給額とは，合併に係る被合併法人の各事業年度又は連結事業年度に係る国内雇用者のうち一般被保険者に該当するものに対する給与等の支給額をそれぞれ各事業年度又は連結事業年度の月数で除して計算した金額を各事業年度又は連結事業年度に含まれる月に係るものとみなしたものをいいます（措令27の12の5⑧）。

※　未経過法人

未経過法人とは，適用事業年度開始の日においてその設立の日の翌日以後1年を経過していない法人をいいます。このとき適用事業年度が1年に満たない場合には，適用事業年度の期間を経過していない法人とされています（措令27の12の5⑦一）。

※　設立の日

設立の日は，次の法人にあっては，それぞれ次の日とされます（措法42の12の5③一）。

① 外国法人

恒久的施設を有することとなった日

② 公益法人等及び人格のない社団等

新たに収益事業を開始した日

③ 収益事業を行っていない公益法人等に該当していた普通法人又は協同組合等

その普通法人又は協同組合等に該当することとなった日

※　基準日

基準日とは，適用対象法人の次の場合の区分に応じた日をいいます。

① 前事業年度の月数が適用事業年度の月数に満たない場合で，かつ，6月に満たない場合

次のいずれか早い日

A 適用対象法人が適用事業年度開始の日においてその設立の日の翌日以後1年を経過していない場合であり，かつ，適用対象法人がその設

立の日から適用事業年度開始の日の前日までの期間内に行われた合併，分割，現物出資又は現物分配（現物分配が残余財産の全部の分配である場合には，その設立の日から前事業年度等の終了の日の前日までの期間内において残余財産が確定したものとされています。）に係る合併法人，分割承継法人，被現物出資法人又は被現物分配法人である場合におけるその合併，分割，現物出資又は現物分配に係る被合併法人，分割法人，現物出資法人又は現物分配法人の適用事業年度開始の日前1年以内の日を含む各事業年度又は連結事業年度で被合併法人等の設立の日以後に終了したもののうち最も古い事業年度開始の日

　ただし，分割，現物出資又は現物分配に係る移転給与等支給額が零である場合におけるその分割，現物出資又は現物分配が除かれて国内新規雇用者のうち一般被保険者に該当するものが移転するものに限ることとされるとともに，設立の日から合併等の日の前日（残余財産の全部の分配である場合には，その残余財産の確定の日）までの期間に係る国内新規雇用者のうち一般被保険者に該当するものに対する給与等の支給額が零である場合に限ることとされていますので，分割等で国内新規雇用者のうち一般被保険者に該当するものが移転しない場合や合併等の前に国内新規雇用者のうち一般被保険者に該当するものに対する給与等の支給額がある場合には，Ｂの日となります。また，例えば適用事業年度の期間が8か月である場合には設立の日の翌日以後8月を経過していない場合とされています。

※　移転給与等支給額

　移転給与等支給額とは，分割等に係る分割法人等の分割等の日（残余財産の全部の分配に該当する現物分配である場合には，その残余財産の確定の日の翌日）前に開始した各事業年度又は連結事業年度に係る国内新規雇用者のうち一般被保険者に該当するものに対する給与等の支給額に，その分割等の直後のその分割等に係る分割承継法人等の国内雇用者でその分割等の直前においてその分割法人等の国内新規雇用者のうち一般被保険者に該当する者の数を乗じて，これをその分割等の直前の分割法人等の国内新規雇用者のうち一般被保険者に該当するものの数で除して計算した金額をいいます（措令27の12の5⑪）。

　この場合において，分割等の日を含む事業年度又は連結事業年度に

あっては，その分割等の日の前日をその事業年度又は連結事業年度の終了の日とした場合に損金の額に算入される国内新規雇用者のうち一般被保険者に該当するものに対する給与等の支給額について計算した金額とされています。

※　分割等，分割法人等，分割承継法人等

分割等とは，分割，現物出資又は現物分配をいい，分割法人等とは，分割法人，現物出資法人又は現物分配法人をいい，分割承継法人等とは，分割承継法人，被現物出資法人又は被現物分配法人をいいます（措令27の12の5⑨）。

B　適用事業年度開始の日前1年以内に終了した各事業年度又は連結事業年度で設立の日以後に終了したもののうち最も古い事業年度又は連結事業年度開始の日

これは，上記Aの日がない場合か，あっても被合併法人等の設立の日が合併法人，分割承継法人，被現物出資法人又は被現物分配法人の設立の日より後の場合に基準日となる日です。

②　①以外である場合すなわち次のア及びイの場合

ア　前事業年度の月数が6月以上で，かつ，適用事業年度の月数に満たない場合

イ　前事業年度の月数が適用事業年度の月数以上である場合

前事業年度の開始の日とされています（措令27の12の5⑫二）。

【適用対象法人が適用事業年度において行われた合併に係る合併法人に該当する場合の調整計算】

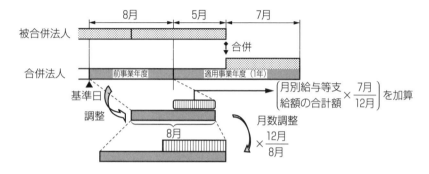

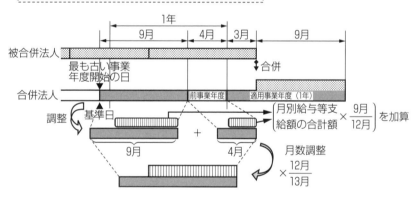

イ　法人が基準日から適用事業年度開始の日の前日までの期間内において行われた合併に係る合併法人に該当する場合

合併法人（＝適用対象法人）の調整対象年度については、各調整対象年度ごとに、その合併法人のその各調整対象年度に係る国内新規雇用者のうち一般被保険者に該当するものに対する給与等の支給額に、その各調整対象年度に含まれる月のその合併に係る被合併法人の月別給与等支給額を合計した金額を加算

することとされています（措令 27 の 12 の 5 ⑦二）。

　※　調整対象年度

　　調整対象年度とは，基準日から適用事業年度開始の日の前日までの期間内に
合併が行われた場合における基準日からその合併の日の前日までの期間内の
日を含む各事業年度をいい，その期間内の日を含む事業年度が連結事業年度に
該当する場合には，その期間内の日を含め連結事業年度をいいます。

　　合併法人が未経過法人に該当する場合には基準日からその合併法人の設立
の日の前日までの期間を合併法人の事業年度とみなした場合におけるそのみ
なした事業年度を含むこととされています（措令 27 の 12 の 5 ⑦二）。

　　事業年度の月数の違いによる調整がない場合には，この加算調整をした後の
国内新規雇用者のうち一般被保険者に該当するものに対する給与等の支給額
がその適用事業年度の新規雇用者比較給与等支給額となります。

　　前事業年度等の月数と適用事業年度の月数が異なる場合には，この加算調整
後の国内新規雇用者のうち一般被保険者に該当するものに対する給与等の支
給額を基礎として新規雇用者比較給与等支給額の調整計算を行うことになり
ます。

【適用対象法人が基準日から適用事業年度開始の日の前日までの期間内において行われた合併に係る合併法人に該当する場合の調整計算】

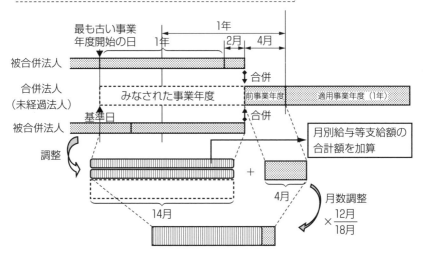

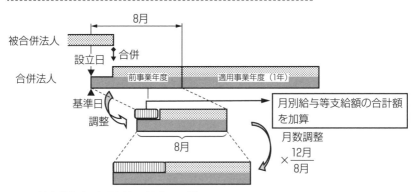

※　前事業年度が6月以上の場合も同様。

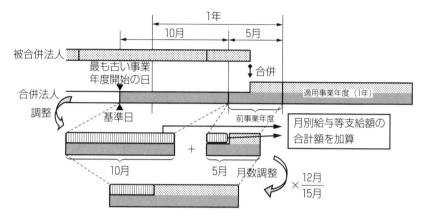

ウ 適用対象法人が基準日から適用事業年度終了の日までの期間内において行われた分割等に係る分割法人等に該当する場合

　A 適用事業年度において行われた分割等に係る分割法人等（＝適用対象法人）の調整対象年度については，各調整対象年度ごとに，その分割法人等のその各調整対象年度に係る国内新規雇用者のうち一般被保険者に該当するものに対する給与等の支給額から，分割法人等の各調整対象年度に係る移転給与等支給額にその分割等の日からその適用事業年度終了の日までの期間の月数を乗じてこれをその適用事業年度の月数で除して計算した金額を控除することとされています。

　　「調整対象年度」とは，基準日から適用事業年度開始の日の前日までの期間内の日を含む各事業年度をいい，その期間内の日を含む事業年度が連結事業年度に該当する場合にはその期間内の日を含む連結事業年度とされています（措令27の12の5⑨一イ）。

　B 基準日から適用事業年度開始の日の前日までの期間内において行われた分割等に係る分割法人等（＝適用対象法人）の調整対象年度については，各調整対象年度ごとに，その分割法人等のその各調整対象年度に係る国内新規雇用者のうち一般被保険者に該当するものに対する給与等の支給額か

ら，分割法人等の各調整対象年度に係る移転給与等支給額を控除することとされています。

「調整対象年度」とは，基準日から分割等の日の前日までの期間内の日を含む各事業年度をいい，その期間内の日を含む事業年度が連結事業年度に該当する場合にはその期間内の日を含む連結事業年度とされています（措令27の12の5⑨一ロ）。

要するに，事業年度の月数の相違による調整がない場合には，上記A又はBの控除をした後の国内新規雇用者のうち一般被保険者に該当するものに対する給与等の支給額が，その適用事業年度の新規雇用者比較給与等支給額となります。

なお，前事業年度等の月数と適用事業年度の月数とが異なる場合には，この控除後の国内新規雇用者のうち一般被保険者に該当するものに対する給与等の支給額を基礎として月数の違いに係る調整計算を行います。

【適用対象法人が基準日から適用事業年度終了の日までの期間内において行われた分割等に係る分割法人等に該当する場合の調整計算】

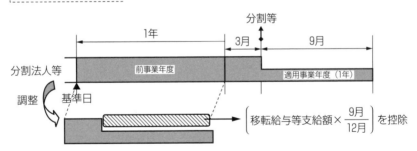

適用事業年度前の分割等(前事業年度が6月以上の場合)

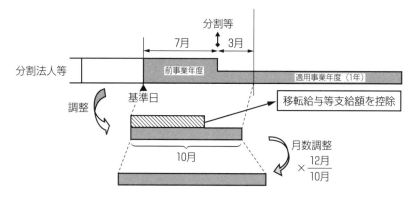

適用事業年度前の分割等(前事業年度が6月未満の場合)

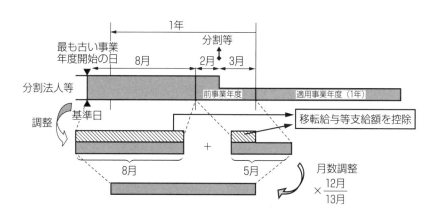

エ　適用対象法人が基準日から適用事業年度終了の日までの期間内において行われた分割等に係る分割承継法人等に該当する場合

　A　適用事業年度において行われた分割等に係る分割承継法人等(＝適用対象法人)の調整対象年度については,各調整対象年度ごとに,その分割承継法人等のその各調整対象年度に係る国内新規雇用者のうち一般被保険者に該当するものに対する給与等の支給額に,その各調整対象年度に含まれ

る月のその分割等に係る分割法人等の月別移転給与等支給額を合計した金額にその分割等の日からその適用事業年度終了の日までの期間の月数を乗じてこれをその適用事業年度の月数で除して計算した金額を加算することとされています（措令 27 の 12 の 5 ⑨ニイ）。

「分割等」とは，分割，現物出資又は現物分配をいいますが，現物分配が残余財産の全部の分配である場合には，「分割等の日」はその残余財産の確定の日の翌日とされています。

また，「調整対象年度」とは，基準日から適用事業年度開始の日の前日までの期間内の日を含む各事業年度をいい，その期間内の日を含む事業年度が連結事業年度に該当する場合にはその期間内の日を含む連結事業年度としますが，その分割承継法人等が未経過法人に該当する場合には基準日から分割承継法人等の設立の日の前日までの期間をその分割承継法人等の事業年度とみなした場合におけるそのみなした事業年度を含むこととされています（措令 27 の 12 の 5 ⑨ニイ）。

※　月別移転給与等支給額

月別移転給与等支給額とは，分割等に係る分割法人等のその分割等の日（現物分配が残余財産の全部の分配に該当する場合にあっては，その残余財産の確定の日の翌日）前に開始した各事業年度又は連結事業年度に係る移転給与等支給額をそれぞれその各事業年度又は連結事業年度の月数で除して計算した金額をその各事業年度又は連結事業年度に含まれる月に係るものとみなしたものをいいます（措令 27 の 12 の 5 ⑩）。

B　基準日から適用事業年度開始の日の前日までの期間内において行われた分割等に係る分割承継法人等（＝適用対象法人）の調整対象年度については，各調整対象年度ごとに，その分割承継法人等のその各調整対象年度に係る国内新規雇用者のうち一般被保険者に該当するものに対する給与等の支給額に，その各調整対象年度に含まれる月のその分割等に係る分割法人等の月別移転給与等支給額を合計した金額を加算することとされています（措令 27 の 12 の 5 ⑨ニロ）。

上記の「分割等」とは，分割，現物出資又は現物分配をいいますが，現

物分配が残余財産の全部の分配である場合には，基準日の前日から適用事業年度開始の日の前日を含む事業年度又は連結事業年度終了の日の前日までの期間内において残余財産が確定したものとされています。

　また，上記の「調整対象年度」とは，基準日から分割等の日の前日（残余財産の全部の分配である場合には，その残余財産の確定の日）までの期間内の日を含む各事業年度をいいますが，その期間内の日を含む事業年度が連結事業年度に該当する場合にはその期間内の日を含む連結事業年度とされ，その分割承継法人等が未経過法人に該当する場合には基準日から分割承継法人等の設立の日の前日までの期間をその分割承継法人等の事業年度とみなした場合におけるそのみなした事業年度を含むこととされています（措令 27 の 12 の 5 ⑨ニロ）。

要するに，事業年度の月数の違いによる調整がない場合には，上記 A 又は B の加算をした後の国内新規雇用者のうち一般被保険者に該当する者に対する給与等の支給額が，その適用事業年度の新規雇用者比較給与等支給額になります。

　なお，前事業年度の月数と適用事業年度の月数とが異なる場合には，この加算後の国内新規雇用者のうち一般被保険者に該当するものに対する給与等の支給額を基礎として事業年度の月数の違いに係る調整計算を行って新規雇用者比較給与等支給額を計算します。

【適用対象法人が基準日から適用事業年度終了の日までの期間内において行われた分割等に係る分割承継法人等に該当する場合の調整計算】

適用事業年度の分割等（前事業年度が6月以上の場合）

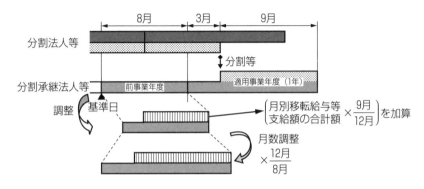

適用事業年度の分割等（前事業年度が6月未満の場合）

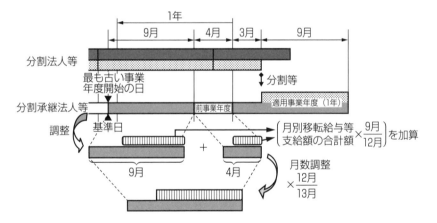

適用事業年度前の新設分割等（前事業年度が6月以上の場合）

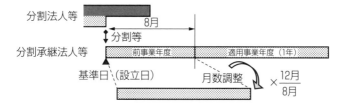

適用事業年度前の新設分割等（前事業年度が6月未満の場合）

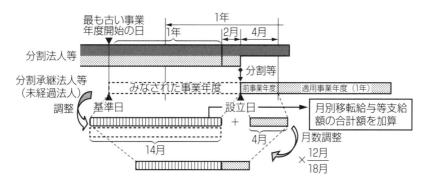

適用事業年度前の分割等（前事業年度が設立事業年度である場合）

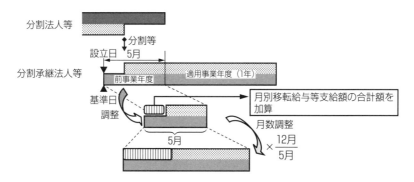

※ 前事業年度が6月以上の場合も同様。

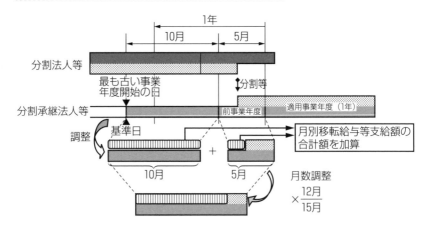

2 比較雇用者給与等支給額

　措置法施行令27条の12の5第20項は、措置法42条の12の5第1項又は2項の規定の適用を受けようとする法人の比較雇用者給与等支給額（措法42の12の5③十一）の計算について、措置法施行令27条の12の5第7項から12号までの規定を準用すると規定しています。

　この場合において措置法施行令27条の12の5第7項中「同号」とあるのは「同条第3項第11号」と、「第5項第1号」とあるのは「第19項において準用する第5項第1号」と、「国内新規雇用者」とあるのは「国内雇用者」と、同条第9項中「第42条の12の5第3項第6号」とあるのは「第42条の12の5第3項第11号」と、「第5項第1号」とあるのは「第19号において準用する第5項第1号」と、「国内新規雇用者」とあるのは「国内雇用者」と、同条第11項中「国内新規雇用者」とあるのは「国内雇用者」と読み替えることとされています。

　この場合において、給与等の支給額の計算の基礎となる給与等に充てるための雇用安定助成金額があるときは、その給与等の支給額から雇用安定助成金額

を控除した金額を基に調整計算をすることとされています（措令27の12の5㉑二）。

3 比較教育訓練費

　適用対象法人が合併法人，分割法人，分割承継法人，現物出資法人，被現物出資法人，現物分配法人又は被現物分配法人である場合における比較教育訓練費の額の計算は，新規雇用者比較給与等支給額の場合と同様に，調整を行うこととされています（措令27の12の5⑮⑯⑦～⑪）。

Ⅶ 法人住民税の法人税割の計算

　内国法人の法人住民税の法人税割の課税標準は法人税額とされています（地方税法 23 条 1 項 4 号，292 条 1 項 4 号）。

　地方税法 23 条 1 項 4 号は，道府県民税における「法人税額」の定義をしていますが，同号は，道府県民税における「法人税額」を「法人税法その他法人税に関する法令の規定により計算した法人税額」で措置法 42 条の 12 の 5 の規定の適用を受ける前のものをいうと規定しています。また，同法 292 条 1 項 4 号は，市町村民税における「法人税額」について，同法 23 条 1 項 4 号と同内容を規定しています。

　したがって，法人住民税の法人税割を計算する際の課税標準は，措置法 42 条の 12 の 5 の規定を適用する前の法人税額ということになります。

　なお，地方税法附則 8 条 11 項は，中小企業者等の平成 30 年 4 月 1 日から令和 5 年 3 月 31 日までの間に開始する各事業年度の法人の道府県民税及び市町村民税に限り，当該事業年度の法人税額について租税特別措置法 42 条の 12 の 5 第 1 項の規定により控除された金額がある場合における地方税法 23 条 1 項 4 号及び 292 条 1 項 4 号の規定の適用については，これらの規定中「第 42 条の 12 の 5」とあるのは，「第 42 条の 12 の 5 第 2 項」とすると規定しています。

　また，地方税法附則 8 条 13 項は，中小企業者等の平成 30 年 4 月 1 日から令和 5 年 3 月 31 日までの間に開始する各事業年度の法人の道府県民税及び市町村民税に限り，当該事業年度の法人税額について租税特別措置法 42 条の 12 の 5 第 2 項の規定により控除された金額がある場合における地方税法 23 条 1 項 4 号及び 292 条 1 項 4 号の規定の適用については，これらの規定中「第 42 条の 12 の 5」とあるのは，「第 42 条の 12 の 5 第 1 項」とすると規定しています。

したがって，中小企業者等については，これらの地方税法附則の規定により，法人住民税の法人税割の課税標準となる法人税額は，措置法42条の12の5の適用後の法人税額ということになります。

Ⅷ 手続的要件

1 他の税制措置との適用関係

以下の制度とは選択適用になります。

- 復興産業集積区域において被災雇用者等を雇用した場合の法人税額の特別控除制度
- 避難解除区域等において避難対象雇用者等を雇用した場合の法人税額の特別控除制度
- 企業立地促進区域において避難対象雇用者等を雇用した場合の法人税額の特別控除制度

2 添付書類

ア　この制度の適用を受けるためには，確定申告書等（この制度により控除を受ける金額を増加させる修正申告書又は更正請求書を提出する場合には，当該修正申告書又は更正請求書を含む。）に控除の対象となる控除対象新規雇用者給与等支給額又は控除対象雇用者給与等支給増加額，控除を受ける金額及び当該金額の計算に関する明細を記載した書類の添付が要件になります。

　この場合において，控除される金額の計算の基礎となる控除対象新規雇用者給与等支給額又は控除対象雇用者給与等支給増加額は，確定申告書等に添付された書類に記載された控除対象新規雇用者給与等支給額又は控除対象雇用者給与等支給増加額が限度となります（措置法42条の12の5第5項）。

※　確定申告書等

　　法人税法 2 条 30 号に規定する中間申告書で同法 72 条 1 項各号（仮決算を
した場合の中間申告書の記載事項等）に掲げる事項を記載したもの及び同法
144 条の 4 第 1 項各号又は 2 項各号（仮決算をした場合の中間申告書の記載
事項等）に掲げる事項を記載したもの並びに同法 2 条 31 号に規定する確定
申告書をいいます（措置法 2 条 2 項 27 号）。

　　そして，法人税法 2 条 31 号の確定申告書には期限後申告書を含みます。

※　法人税法 2 条 31 号

　　法人税法 2 条 31 号は，「確定申告書」を法人税法 74 条 1 項（確定申告）
又は同法 144 条の 6 第 1 項若しくは 2 項（確定申告）の規定による申告書（当
該申告書に係る期限後申告書を含む。）と規定しています。

　措置法 42 条の 12 の 5 第 1 項を適用する場合には，「控除対象新規雇用者給
与等支給額」に 15 ％あるいは 20 ％を乗じて税額控除の金額を算出します。

　また，措置法 42 条の 12 の 5 第 2 項を適用する場合には，「控除対象雇用者
給与等支給増加額」に 15 ％あるいは 25 ％を乗じて税額控除の金額を算出しま
す。

　この「控除対象新規雇用者給与等支給額」及び「控除対象雇用者給与等支給
増加額」については，確定申告書等に添付された書類に記載された「控除対象
新規雇用者給与等支給額」又は「控除対象雇用者給与等支給増加額」が限度に
なり，ここでいう「確定申告書等」には，「修正申告書」及び「更正請求書」は
含まれず，「期限後申告書」は含まれます。

　換言すると，「控除対象新規雇用者給与等支給額」又は「控除対象雇用者給
与等支給増加額」について，少なく誤って確定申告書等を作成し申告してし
まった場合には，これらの金額を増額し正しい金額で税額控除を計算し直して
更正の請求及び修正申告をすることはできないということです。

　一方，措置法 42 条の 12 の 5 第 1 項を適用する場合も，同条 2 項を適用す
る場合も，税額控除の金額は，調整前法人税額の 20 ％に相当する金額が上限
とされています。調整前法人税額が変動し（例えば，税務調査で，所得金額が
増加したような場合），結果として税額控除の金額が変動するという場合があ

りますが，このような場合には，確定申告書等に添付された書類に記載された「控除対象新規雇用者給与等支給額」又は「控除対象雇用者給与等支給増加額」を動かさない範囲で，納付すべき法人税額を再計算して修正申告や更正の請求をすることはできるということなります。

　この場合には，修正申告書，更正請求書に控除の対象となる控除対象新規雇用者給与等支給額又は控除対象雇用者給与等支給増加額，控除を受ける金額及び当該金額の計算に関する明細を記載した書類の添付が必要であるということになります。

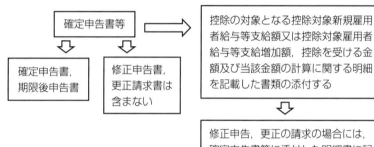

イ　措置法42条の12の5第1項2号又は2項2号イに掲げる要件を満たすものとして同条1項又は2項の規定の適用を受ける場合には，これらの規定の適用を受ける事業年度の確定申告書等に措置法施行令27条の12の5第13項各号に定める費用の明細を記載した書類として財務省令で定める書類を添付しなければならないこととされています（措令27の12の5⑭）。

　措置法施行規則20条の10第7項は，措置法施行令27条の12の5第14項に規定する財務省令で定める書類は，措置法42条の12の5第1項又は2項の規定の適用を受けようとする事業年度の所得の金額の計算上損金の額に算入される同条1項2号に規定する教育訓練費の額及び当該事業年度にお

ける同条3項8号に規定する比較教育訓練費の額に関する次に掲げる事項を記載した書類とすると規定しています。

1号　措置法施行令27条の12の5第13項各号に定める費用に係る教育訓練等の実施時期

2号　当該教育訓練等の内容

3号　当該教育訓練等の対象となる措置法42条の12の5第3項9号に規定する国内雇用者の氏名

4号　その費用を支出した年月日，内容及び金額並びに相手先の氏名又は名称

　※　1号，2号及び4号は，該当性の判定のために特定，突合ができる程度（例えば，実施時期であれば月まで等）で十分であると考えられます。

　　また，3号は，教育訓練等を受ける予定者の氏名又は実際に受けた者の氏名等を記載します。

　　なお，明細書の様式は定められていません。

3　適用除外

　設立事業年度，合併による解散以外の解散の日を含む事業年度及び清算中の各事業年度については，措置法42条の12の5第1項，2項ともに適用はできません。

　※　設立事業年度
　　設立事業年度とは，設立の日（法人税法2条4号に規定する外国法人にあっては恒久的施設を有することとなった日とし，公益法人等及び人格のない社団等にあっては新たに収益事業を開始した日とし，公益法人等（収益事業を行っていないものに限る。）に該当していた普通法人又は協同組合等にあっては当該普通法人又は協同組合等に該当することとなった日とする。）を含む事業年度をいいます（措置法42条の12の5第3項1号）。

103

Ⅸ 中小企業等経営強化法

1 法律の趣旨

　中小企業等経営強化法は，中小企業・小規模事業者・中堅企業等を対象として，各事業分野別の主務大臣による事業分野別指針の策定を規定し，認定を受けた事業者は，税制や金融の支援等を受けることができます。

2 法律の概要

(1) 事業分野の特性に応じた経営力向上のための指針の策定
　事業分野別の主務大臣は事業者が行うべき経営力向上のための取り組み（顧客データの分析，ITの活用，財務管理の高度化，人材育成等）について示した「事業分野別指針」を策定します。

(2) 中小企業・小規模事業者等による経営力向上のための取組の支援
① 経営力向上計画の認定及び支援措置
　中小企業・小規模事業者等は，人材育成，コスト管理のマネジメントの向上や設備投資等，事業者の経営力を向上させるための取組内容などを記載した事業計画（経営力向上計画）を作成します。
　計画の認定を受けた事業者は，認定計画に基づき取得した一定の設備に係る法人税等の特例の適用や金融支援等（低利融資，債務保証等）の特例措置を受けることができます。
② 経営革新等支援機関による支援
　経営革新等支援機関（主に商工会議所，商工会，中央会，金融機関，士業等）による計画策定の支援を受けられます。

104

(3) 経営力向上計画

経営力向上計画の申請書には，①企業の概要，②現状認識，③経営力向上の目標及び経営力向上による経営の向上の程度を示す指標，④経営力向上の内容などの計画を策定することにより認定を受けることができます。

経営革新等支援機関（商工会議所・商工会・中央会や士業，地域金融機関等）に計画策定の支援を受けることができます。また，ローカルベンチマークなどの経営診断ツールにより，計画策定ができるようにしています。

(4) 経営力向上計画の策定等

経営力向上計画を策定するためには，まず「日本標準産業分類」で，該当する事業分野を確認します。

次に，事業分野に対応する事業分野別指針を確認します。「事業分野別指針」が策定されている事業分野（業種）については，当該指針を踏まえて経営力向上計画を策定することになります。「事業分野別指針」が策定されていない事業分野については「基本方針」を踏まえて経営力向上計画を策定することになります。

経営力向上計画は各事業分野の主務大臣に提出し，認定を受けた場合には，主務大臣から計画認定書と計画申請書の写しが交付されます。

経営力向上計画の申請から認定までの標準処理期間は 30 日（計画に記載された事業分野が複数の省庁にまたがる場合は 45 日）です。

また経営力向上計画に基づいて取り組んだ結果，目標が未達であったことをもって認定が取り消されることはありませんが，経営力向上計画に従って経営力向上計画に係る事業が行われていない場合には，認定が取り消される場合があります。

【参考】

中小企業等経営強化法 14 条

中小企業者及び組合等は，単独で又は共同で行おうとする経営革新に関する計画（中小企業者及び組合等が第 2 条第 1 項第 6 号から第 8

号までに掲げる組合若しくは連合会，会社又を設立しようとする場合にあっては当該中小企業者及び組合等がその組合，連合会，会社と共同で行う経営革新に関するものを，中小企業者及び組合等が合併して会社を設立しようとする場合にあっては合併により設立される会社（合併後存続する会社を含む。）が行う経営革新に関するものを，中小企業者及び組合等がその外国関係法人等の全部又は一部と共同で経営革新を行おうとする場合にあっては当該中小企業者及び組合等が当該外国関係法人等と共同で行う経営革新に関するものを含む。以下「経営革新計画」という。）を作成し，経済産業省令で定めるところにより，これを行政庁に提出して，その経営革新計画が適当である旨の認定を受けることができる。ただし，中小企業者及び組合等が共同で経営革新計画を作成した場合にあっては，経済産業省令で定めるところにより，代表者を定め，これを行政庁に提出するものとする。

中小企業等経営強化法2条11項

　この法律において「経営力向上」とは，事業者が，事業活動に有用な知識又は技能を有する人材の育成，財務内容の分析の結果の活用，商品又は役務の需要の動向に関する情報の活用，経営能率の向上のための情報システムの構築その他の方法であって，現に有する経営資源（設備，技術，個人の有する知識及び技能その他の事業活動に活用される資源をいう。以下同じ。）又は次に掲げるいずれかの措置（以下「事業承継等」という。）により他の事業者から取得した又は提供された経営資源を高度に利用する方法を導入して事業活動を行うことにより，経営能力を強化し，経営の向上を図ることをいう。

X 連結納税制度

　連結納税制度の場合についても，同様の改正が行われました（措法68の15の6①②）

　改正前と同様に，連結グループ全体で適用を選択することとされ，適用要件についても連結グループ全体で判定することとされています。

　また，適用要件等における新規雇用者給与等支給額等の各金額を，単体納税と同様の計算に基づき各連結法人で計算した上，これを連結グループの全連結法人で合計することも，改正前と同様です。

　調整雇用者給与等支給増加額は，調整後の雇用者給与等支給額から調整後の比較雇用者給与等支給額を減算した金額とされています（措法68の15の6③三）。

　したがって，調整雇用者給与等支給増加額がマイナスの値を取ることがあり得ます。調整雇用者給与等支給増加額がマイナスの場合には，控除対象新規雇用者給与等支給額もマイナスとなり，税額控除割合を乗ずる基礎となる控除対象新規雇用者給与等支給額の合計額を計算する場合には，マイナスのまま合計することとなります。

　また，控除対象雇用者給与等支給増加額も，雇用者給与等支給額から比較雇用者給与等支給額を減算した金額（その金額が調整雇用者給与等支給増加額を超える場合には，その調整雇用者給与等支給増加額）とされています（措法68の15の6③十一）。

　したがって，控除対象雇用者給与等支給増加額がマイナスの値を取ることがあり得ます。控除対象雇用者給与等支給増加額がマイナスの場合には，税額控除割合を乗ずる基礎となる控除対象雇用者給与等支給増加額の合計額を計算する際に，マイナスのまま合計することとなります。

　なお，これらのほか，単体納税と異なる連結納税固有の取扱いが次のとおり

定められています。

(1) 適用事業年度

適用対象となる連結事業年度は，連結親法人事業年度が令和3年4月1日から令和5年3月31日までの間に開始する各連結事業年度とされていますが，単体納税と異なり，設立事業年度が除外されていません（措法68の15の6①②）。

(2) 適用要件等

適用要件は連結グループ全体で判定することとされており，適用事業年度が設立事業年度である連結法人であっても，その判定上はその連結法人を含めて新規雇用者給与等支給額等を計算することとなります。

また，連結納税制度については，「国内新規雇用者」の判定について調整を行うこととされています。

(3) 税額控除限度額

税額控除限度額の計算の基礎となる金額については，控除対象新規雇用者給与等支給額の合計額（各連結法人の合計額）となりますが，措置法第68条の15の2（地方活力向上地域等において雇用者の数が増加した場合の法人税額の特別控除制度）の規定の適用を受ける場合には，単体納税と同様に重複部分を排除するための調整計算を行います。

この調整計算は，各連結法人の個別給与控除額の合計額を控除することとされています（措法68の15の6①，措令39の46の2①）。

XI 適用関係及び経過措置

1 適用関係

　改正法は，法人の令和3年4月1日以後に開始する事業年度分の法人税について適用し，法人の同日前に開始した事業年度分の法人税については，従前どおりとされ，連結納税制度の場合には，連結親法人又はその連結親法人による連結完全支配関係にある連結子法人の連結親法人事業年度が同日以後に開始する連結事業年度分の法人税について適用し，連結親法人又はその連結親法人による完全支配関係にある連結子会社の連結親法人事業年度が同日前に開始した連結事業年度分の法人税については，従前どおりとされています（令和3年改正措置法附則43条）。

2 経過措置

　措置法42条の12の5第1項と令和2年改正前の措置法42条の12の規定（地方活力向上地域等において雇用者の数が増加した場合の法人税額の特別控除制度）の両方の適用を受ける場合における控除対象新規雇用者給与等支給額から控除する金額について，改正後の措置法施行令27条の12の5第1項に規定する金額に代えて，適用事業年度に係る雇用者給与等支給額をその適用事業年度終了の日における雇用者の数で除して計算した金額に，次の①及び②の数を合計した数を乗じて計算した金額の20％に相当する金額とされています（改正措置法施行令附則20①）。

　この場合において，次の①及び②の数を合計した数が地方事業所基準雇用者数を超える場合ときは，地方事業所基準雇用者数を乗じて計算した金額の

109

20％に相当する金額が控除対象新規雇用者給与等支給額から控除すべき金額となります。

　　※　雇用者
　　　　上記の「雇用者」とは，「令和2年改正前の措置法42条の12第4項3号に規定する雇用者」とされているので，法人の使用人のうち一般被保険者に該当するものになります。使用人から，その法人の役員と特殊の関係のある者及びその法人の使用人としての職務を有する役員を除くこととされています（令和2年改正前の措置法42条の12第4項3号）。
　　※　地方事業所基準雇用者数
　　　　地方事業所基準雇用者数とは，令和2年改正前の措置法42条の12第1項2号イ(1)に規定する地方事業所基準雇用者数をいいます。
　　　　すなわち，適用事業年度開始の日から起算して2年前の日からその適用事業年度終了の日までの間に地方活力向上地域等特定業務施設整備計画について計画の認定を受けた法人のその計画の認定に係る特定業務施設のみをその法人の事業所とみなした場合における基準雇用者数として証明がされた数をいいます（令和2年改正前の措置法42条の12第4項6号）が，その適用事業年度の基準雇用者数を超える場合には，基準雇用者数とされます。

(1)　適用対象法人が適用事業年度において令和2年改正前の措置法42条の12第1項の規定の適用を受ける場合における次の数を合計した数（改正措置法施行令附則20①一）

　イ　その適用事業年度の特定新規雇用者基礎数
　ロ　その適用事業年度の新規雇用者総数からその適用事業年度の特定新規雇用者数を控除した数のうちその新規雇用者総数の40％に相当する数（その数に1に満たない端数があるときは，これを切り捨てた数）に達するまでの数
　　※　特定新規雇用者基礎数
　　　　特定新規雇用者基礎数とは，令和2年改正前の措置法第42条の12第1項第2号イに規定する特定新規雇用者基礎数，すなわち，適用対象法人の適用事業年度の地方事業所基準雇用者数のうちその適用事業年度の特定新規雇用者数に達するまでの数をいいます。

これは，措置法第42条の12第1項の規定の適用を受ける際の税額控除額の計算の基礎となる無期・フルタイムの新規雇用者数です

※　特定新規雇用者数

　　特定新規雇用者数とは，適用事業年度開始の日から起算して2年前の日からその適用事業年度終了の日までの間に地方活力向上地域等特定業務施設整備計画について計画の認定を受けた法人のその計画の認定に係る特定業務施設において適用事業年度に新たに雇用された特定雇用者でその適用事業年度終了の日においてその特定業務施設に勤務するものの数として証明がされた数とされています（措置法42の12⑤ハ）

※　新規雇用者総数

　　新規雇用者総数とは，令和2年改正前の租税特別措置法第42条の12第1項2号イ(2)に規定する新規雇用者総数，すなわち，適用事業年度開始の日から起算して2年前の日からその適用事業年度終了の日までの間に地方活力向上地域等特定業務施設整備計画について計画の認定を受けた法人のその計画の認定に係る特定業務施設において適用事業年度に新たに雇用された雇用者でその適用事業年度終了の日においてその特定業務施設に勤務するものの総数として証明がされた数をいいます（令和2年改正前の措法42の12④九）が，その適用事業年度の地方事業所基準雇用者数を超える場合には，地方事業所基準雇用者数とされています。

(2)　適用対象法人が適用対象事業年度において令和2年改正前の措置法42条の12第2項の適用を受ける場合におけるその適用事業年度の移転型基準雇用者数のうち移転型新規雇用者総数に達するまでの数から同条1項の適用を受ける場合におけるその適用事業年度の次の数を合計した数を控除した数（改正措置法施行令附則20①二）

イ　特定新規雇用者基礎数のうち移転型特定新規雇用者数に達するまでの数

ロ　新規雇用者総数の40％に相当する数のうち移転型非特定新規雇用者数に達するまでの数

　　ただし，40％に相当する数が非特定新規雇用者数を超える場合には，その非特定新規雇用者数のうち移転型非特定新規雇用者数に達するまでの数とされています。

※　移転型基準雇用者数

　　移転型基準雇用者数とは，令和2年改正前の措置法42条の12第1項2号
ロ⑵に規定する基準雇用者数として政令で定めるところにより証明がされ
た数，すなわち，移転型特定業務施設のみを適用対象法人の事業所とみなし
た場合におけるその適用事業年度の基準雇用者数として証明がされた数を
いいます。

　　これは，移転型計画による特定業務施設において適用事業年度に増加した
雇用者の数です。

　　なお，移転型特定業務施設とは，適用事業年度開始の日から起算して2年
前の日からその適用事業年度終了の日までの間に移転型の地方活力向上地
域等特定業務施設整備計画について計画の認定を受けたその適用対象法人
のその計画の認定に係る特定業務施設をいいます（令和2年改正前の措置法
42の12①二ロ⑴）。

※　移転型新規雇用者総数

　　移転型新規雇用者総数とは，令和2年改正前の租税特別措置法第42の12
第1項第2号ロ⑵に規定する移転型新規雇用者総数，すなわち，移転型特定
業務施設においてその適用事業年度に新たに雇用された雇用者でその適用
事業年度終了の日においてその移転型特定業務施設に勤務するものの総数
として証明がされた数をいいます。

　　これは，移転型計画による特定業務施設における新規雇用者で適用事業年
度末に在籍するものの数です。

※　移転型特定新規雇用者数

　　移転型特定新規雇用者数とは，令和2年改正前の措置法第42条の12第1
項2号ロ⑴に規定する移転型特定新規雇用者数，すなわち，移転型特定業務
施設においてその適用事業年度に新たに雇用された特定雇用者でその適用
事業年度終了の日においてその移転型特定業務施設に勤務するものの数と
して証明がされた数をいいます。

　　これは，移転型計画による特定業務施設における無期・フルタイムの新規
雇用者で適用事業年度末に在籍するものの数です

※　移転型非特定新規雇用者数

　　移転型非特定新規雇用者数とは，令和2年改正前の措置法第42の12第1
項2号ロ⑵に規定する移転型非特定新規雇用者数，すなわち，移転型新規雇
用者総数から移転型特定新規雇用者数を控除した数のうち非特定新規雇用

者数に達するまでの数をいいます。これは，移転型計画による特定業務施設における有期又はパートタイムの新規雇用者で適用事業年度末に在籍するものの数ですが，特定業務施設全体の有期又はパートタイムの新規雇用者で適用事業年度末に在籍するものの合計数を超える場合には，その合計数が上限となります。

※　非特定新規雇用者数

　非特定新規雇用者数とは，令和2年改正前の措置法42条の12第1項第2号イ⑵に規定する非特定新規雇用者数，すなわち，新規雇用者総数からその適用事業年度の特定新規雇用者数を控除した数をいいます。

　これは，特定業務施設全体の有期又はパートタイムの新規雇用者で適用事業年度末に在籍するものの合計数です。

　これは，適用事業年度における令和2年改正前の措置法42条の12第2項の規定の適用による税額控除額の計算の基礎となった新規雇用者の数ですが，同時に同条1項の規定の適用を受ける場合には，上記の⑴の数との重複を排除するために，その適用に係る上記⑴の数のうち移転型の特定業務施設に係る数（上記イ及びロの合計数）を控除した数となります。

　なお，同項の規定の適用がない場合には，控除する数はありません。

　改正後の措置法42条の12の5第2項と令和2年改正前の措置法42条の12の規定（地方活力向上地域等において雇用者の数が増加した場合の法人税額の特別控除制度）の両方の適用を受ける場合における控除対象雇用者給与等支給増加額から控除する金額については，従前と同様の金額とされています（措置法施行令附則20②）。

　連結納税制度についても，上記と同様の経過措置が定められています（措置法施行令附則26①②）。

XII 措置法42条の12の税額控除（地方活力向上地域等において雇用者の数が増加した場合の法人税額の特別控除）

1 措置法 42 条の 12 第 1 項の制度の概要

　認定事業者が適用事業年度において次のイの要件を満たす場合には，当該法人の当該適用事業年度の所得に対する調整前法人税額（措置法 42 条の 4 第 8 項 2 号に規定する調整前法人税額をいう。）から，ロに掲げる金額（税額控除限度額）を控除します。

　この場合において，当該税額控除限度額が法人の適用事業年度の所得に対する調整前法人税額の 20 ％に相当する相当する金額を超えるときは，その控除を受ける金額は当該 20 ％に相当する金額を限度とします。

　　※　認定事業者

　　　「認定事業者」とは，青色申告書を提出する法人のうち，地域再生法 17 条の 2 第 4 項に規定する認定事業者で，地域再生法の一部を改正する法律（平成 27 年法律 49 号）の施行の日から令和 4 年 3 月 31 日までの間に同条 1 項に規定する地方活力向上地域等特定業務施設整備計画について地域再生法 17 条の 2 第 3 項の認定（計画の認定）を受けた法人をいいます。

イ　次に掲げる全ての要件

　①　当該法人の当該適用事業年度の特定新規雇用者等数が 2 人以上であること（適用事業年度前の各事業年度のうち当該計画の認定を受けた日以後に終了する各事業年度（同日以後に終了する事業年度が連結事業年度に該当する場合には，当該連結事業年度を連結事業年度に該当しない事業年度とみなした場合におけるそのみなされた事業年度）のいずれかにおいて当該計画の認定に係る特定業務施設につき既に特定新規雇用者等数が 2 人以上であったこと（当該各事業年度のいずれかにおいて基準雇用者数又は地方事業所基準雇用者数が零に満たない場合を除く。）につき政令で定める

114

ところにより証明がされたことを含む。）

※　特定新規雇用者等数

「特定新規雇用者等数」とは，地方事業所基準雇用者数のうち特定新規雇用者数に達するまでの数と当該地方事業所基準雇用者数から新規雇用者総数を控除した数とを合計した数をいいます。

※　地方事業所基準雇用者数

「地方事業所基準雇用者数」とは，適用対象特定業務施設のみを当該法人の事業所とみなした場合における基準雇用者数として政令で定めるところにより証明がされた数をいいます（措置法42条の12第5項6号）。

※　適用対象特定業務施設

適用事業年度開始の日から起算して，2年前の日から適用事業年度終了の日までの間に地方活力向上地域等特定業務整備計画について計画の認定を受けた法人の当該計画の認定に係る特定業務施設をいいます。

※　基準雇用者数

「基準雇用者数」とは，適用事業年度終了の日における雇用者の数から当該適用事業年度開始の日の前日における雇用者（当該適用事業年度終了の日において高年齢雇用者に該当する者を除く。）の数を減算した数をいいます（措置法42条の12第5項5号）。

※　雇用者

「雇用者」とは法人の使用人（当該法人の役員（法人税法2条15号に規定する役員をいう。）と政令で定める特殊の関係のある者及び当該法人の使用人としての職務を有する役員を除く。）のうち一般被保険者（雇用保険法60条の2第1項1号に規定する一般被保険者をいう。）に該当するものをいいます（措置法42条の12第5項3号）。

※　高年齢雇用者

「高年齢雇用者」とは，法人の使用人のうち高年齢被保険者（雇用保険法37条の2第1項に規定する高年齢被保険者をいう。）に該当するものをいいます（措置法42条の12第5項4号）。

※　特定新規雇用者数

「特定新規雇用者数」とは，適用対象特定業務施設において適用事業年度に新たに雇用された特定雇用者で当該適用事業年度終了の日において当該適用対象特定業務施設に勤務するものの数として政令で定めるところにより証明がされた数をいいます（措置法42条の12第5項8号）。

※ 特定雇用者
　「特定雇用者」とは、次に掲げる要件を満たす雇用者をいいます（措置法42条の12第5項7号）。
　（ⅰ）その法人との間で労働契約法17条1項に規定する有期労働契約以外の労働契約を締結していること。
　（ⅱ）短時間労働者及び有期雇用労働者の雇用管理の改善等に関する法律2条1項に規定する短時間労働者でないこと。
※ 新規雇用者総数
　「新規雇用者総数」とは、適用対象特定業務施設において適用事業年度に新たに雇用された雇用者で当該適用対象事業年度終了の日において当該適用対象特定業務施設に勤務する者の数として政令で定めるところにより証明がされた数をいいます（措置法42条の12第5項9号）。

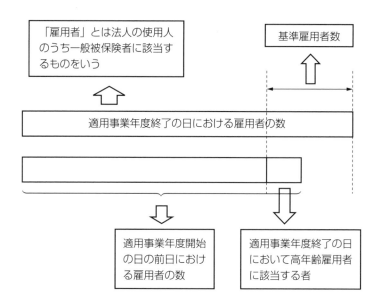

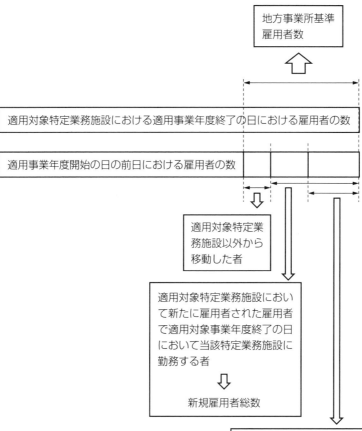

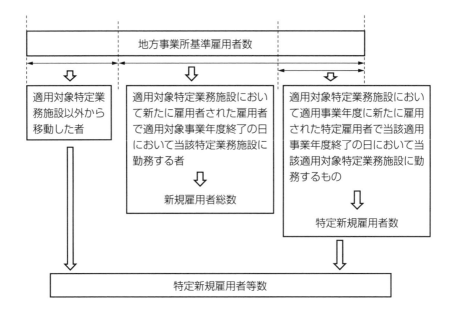

② 雇用保険法5条1項に規定する適用事業を行い,かつ,他の法律により業務の規制及び適正化のための措置が講じられている事業として政令で定める事業を行っていないこと。

③ 適用を受けようとする事業年度及び当該事業年度開始の日前1年以内に開始した各事業年度(その事業年度が連結事業年度に該当する場合には,当該連結事業年度)において,当該法人に離職者(当該法人の雇用者又は高年齢雇用者であった者で,当該法人の都合によるものとして財務省令で定める理由によって離職(雇用保険法4条2項に規定する離職をいう。)をしたものをいう。)がいないことにつき政令で定めるところにより証明がされたこと(措置法42条の12第7項)。

ロ 次に掲げる金額の合計額

① 30万円に特定新規雇用者基礎数を乗じて計算した金額

移転型特定新規雇用者数がある場合には,20万円に当該特定新規雇用者基礎数のうち当該移転型特定新規雇用者数に達するまでの数を乗じて計

算した金額を加算した金額になります。

※　特定新規雇用者基礎数

適用事業年度の地方事業所基準雇用者数（地方事業所基準雇用者数が適用事業年度の基準雇用者数を超える場合には，基準雇用者数）のうち適用事業年度の特定新規雇用者数に達するまでの数

※　移転型特定業務施設

「移転型特定業務施設」とは，適用事業年度開始の日から起算して2年前の日から当該適用事業年度終了の日までの間に地方活力向上地域等特定業務施設整備計画のうち地域再生法17条の2第1項1号に掲げる事業に係るものについて計画の認定を受けた当該法人の当該計画の認定に係る特定業務施設をいいます（措置法42条の12第1項2号イ）。

※　移転型特定新規雇用者数

「移転型特定新規雇用者数」とは，移転型特定業務施設において適用事業年度に新たに雇用された特定雇用者で適用事業年度終了の日において当該移転型特定業務施設に勤務するものの数として政令で定めるところにより証明がされた数をいいます（措置法42条の12第1項2号イ）。

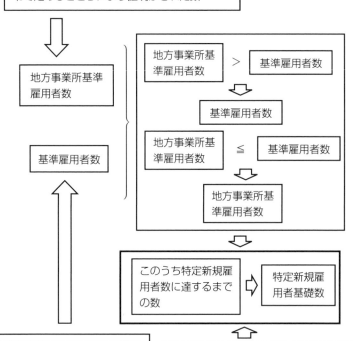

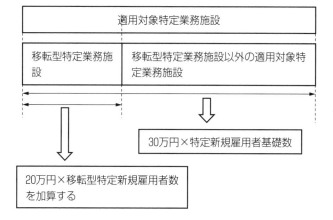

② 20万円に，当該法人の当該適用事業年度の地方事業所基準雇用者数から当該事業年度の新規雇用者総数を控除して計算した数を乗じて計算した金額

移転型非新規基準雇用者数が零を超える場合には上記の計算した数のうち当該移転型非新規基準雇用者数に達するまでの数を加算した数を20万円に乗じます。

※ 移転型非新規基準雇用者数

「移転型非新規基準雇用者数」とは，移転型特定業務施設のみを当該法人の事業所とみなした場合における当該適用事業年度の基準雇用者数として政令で定めるところにより証明がされた数から移転型特定業務施設において当該適用事業年度に新たに雇用された雇用者で当該適用事業年度終了の日において当該移転型特定業務施設に勤務するものの数として政令で定めるところにより証明がされた数を控除した数

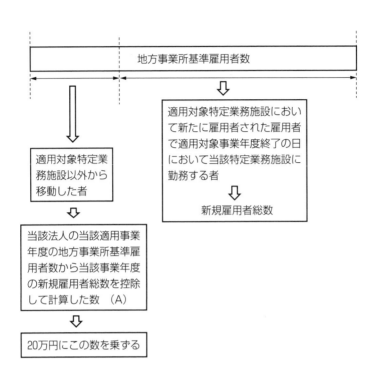
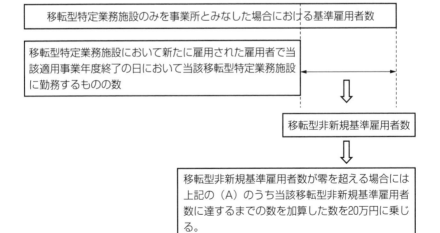

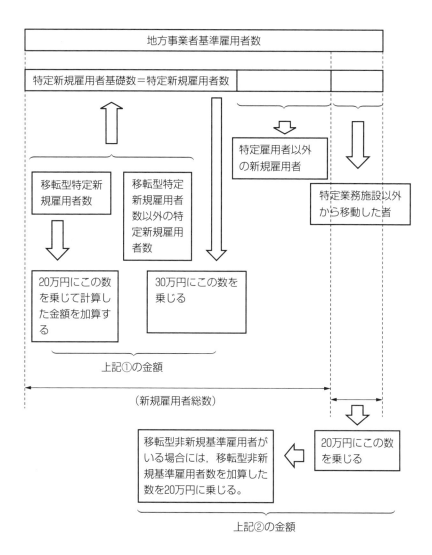

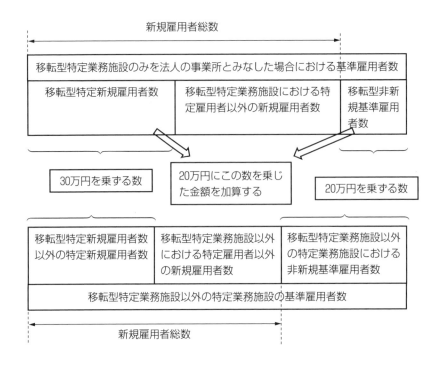

2 措置法42条の12第2項の制度の概要

　青色申告書を提出する法人で認定事業者であるもののうち，措置法42条の12第1項の規定を受ける又は受けたもの（要件適格法人及び要件適格連結法人を含む。）が，その適用を受ける事業年度（要件適格法人にあっては措置法42条の11の3第1項の規定又は同条2項の適用を受ける事業年度とし，要件適格連結法人にあっては，同法68条の15第1項の規定若しくは同条2項の規定又は同法68条の15の2第1項の規定の適用を受けた連結事業年度終了の日の翌日以後に開始する事業年度とする。）以後の各適用事業年度（当該法人の地方活力向上地域等特定業務施設整備計画（地域再生法17条の2第1項1号に掲げる事業に関するものに限る。）について計画の認定を受けた日以後に終了する事業年度で基準雇用者数又は地方事業所基準雇用者数が零に満たな

い事業年度（同日以後に終了する連結事業年度にあっては，当該連結事業年度を連結事業年度に該当しない事業年度とみなした場合における基準雇用者数又は地方事業所基準雇用者数が零に満たない事業年度）以後の事業年度を除く。）において，措置法42条の12第1項1号ロに掲げる要件を満たす場合には，当該法人の適用事業年度の所得に対する調整前法人税額から，40万円に当該法人の適用事業年度の地方事業所特別基準雇用者数を乗じて計算した金額（当該計画の認定に係る特定業務施設が地域再生法5条4項5号ロに規定する準地方活力向上地域内にある場合には，30万円に当該特定業務施設に係る当該法人の適用事業年度の地方事業所特別基準雇用者数を乗じて計算した金額）（地方事業所特別税額控除限度額）を控除します。

この場合において，当該地方事業所特別税額控除限度額が当該法人の当該適用事業年度の所得に対する調整前法人税額の20％に相当する金額（当該適用事業年度において措置法42条の12第1項の規定により調整前法人税額から控除される金額又は同法42条の11の3第2項の規定により調整前法人税額から控除される金額がある場合には，これらの金額を控除した残額）を超えるときは，その控除を受ける金額は，当該20％に相当するに金額が限度とされます。

- ※　要件適格法人
  - 措置法42条の11の3第1項の規定又は2項の規定の適用を受ける事業年度においてその適用を受けないものとしたならば措置法42条の12第1項の規定の適用があるものをいいます。
- ※　要件適格連結法人
  - 「要件適格連結法人」とは，措置法68条の15第1項（地方活力向上地域等において特定建物等を取得した場合の特別償却又は法人税額の特別控除）の規定若しくは同法第68条の15第2項の規定の適用を受けた連結事業年度においてその適用を受けないものとしたならば同法68条の15の2第1項（地方活力向上地域等において雇用者の数が増加した場合の法人税額の特別控除）の規定の適用があるもの又は同項の規定の適用を受けたものをいいます。
- ※　地方事業所特別基準雇用者数
  - 「地方事業所特別基準雇用者数」とは，適用事業年度開始の日から起算し

125

て2年前の日から当該適用事業年度終了の日までの間に地方活力向上地域等特定業務施設整備計画のうち地域再生法17条の2第1項1号に掲げる事業に関するものについて計画の認定を受けた法人の適用事業年度及び適用事業年度前の各事業年度のうち，当該計画の認定を受けた日以後に終了する各事業年度（同日以後に終了する事業年度が連結事業年度に該当する場合には，当該連結事業年度を連結事業年度に該当しない事業年度とみなした場合におけるそのみなされた事業年度）の当該法人の当該計画の認定に係る特定業務施設のみを当該法人の事業所とみなした場合における基準雇用者数として政令で定めるところにより証明された数の合計数をいいます（措置法42条の12第5項10号）。

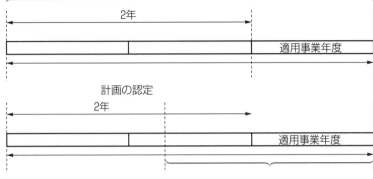

この間に終了する各事業年度の特定業務施設のみを法人の事業所とみなした場合の基準雇用者数の合計数

⇓

地方事業所特別基準雇用者数

2

賃上げ・生産性向上のための税制・所得拡大促進税制（令和 3 年 3 月 31 日までに開始する事業年度）

Ⅰ 制度の概要

　青色申告書を提出する法人が，平成 30 年 4 月 1 日から令和 3 年 3 月 31 日
までの間に開始する各事業年度において，国内雇用者に対して給与等を支給し，
所定の要件を満たした場合に，所定の税額控除ができる制度です。

(1) 青色申告書を提出する法人（青色申告書を提出する法人であれば足り，外国法人，公益法人等及び人格のない社団等も適用対象法人となります。）（措法 42 の 12 の 5 ①）

【要件①】

　雇用者給与等支給額が比較雇用者給与等支給額を超えること

　　雇用者給与等支給額　＞　比較雇用者給与等支給額

【要件②】

　継続雇用者給与等支給額から継続雇用者比較給与等支給額を控除した金額の
継続雇用者比較給与等支給額に対する割合が 3 ％以上であること

$$\frac{継続雇用者給与等支給額－継続雇用者比較給与等支給額}{継続雇用者比較給与等支給額} ≧ 3 ％$$

　　＊　継続雇用者比較給与等支給額が零である場合には，この要件は満たさ
　　　ないものとされます（措令 27 の 12 の 4 の 2 ㉒一）。

【要件③】

　法人の国内設備投資額が当期償却費総額の 95 ％に相当する金額以上である
こと

　　国内設備投資額　≧　当期償却費総額の 95 ％相当額

【税額控除の金額（税額控除限度額）】

　雇用者給与等支給額から比較雇用者給与等支給額を控除した金額の 15 ％相当額を，調整前法人税額（措置法 42 条の 4 第 8 項 2 号に規定する調整前法人税額をいいます。）から控除します。

【税額控除の金額が，雇用者給与等支給額から比較雇用者給与等支給額を控除した金額の 20 ％となる場合】

　適用事業年度の所得の金額の計算上損金の額に算入される教育訓練費の額（その教育訓練費に充てるため他の者（当該法人との間に連結完全支配関係がある他の連結法人及び当該法人が外国法人である場合の法人税法 138 条 1 項 1 号に規定する本店等を含む。）から支払を受ける金額がある場合には，当該金額を控除した金額）からその比較教育訓練費の額を控除した金額の比較教育訓練費の額に対する割合が 20 ％以上である場合には，税額控除の金額は，雇用者給与等支給額から比較雇用者給与等支給額を控除した金額の 20 ％となります。

$$\frac{教育訓練費 - 比較教育訓練費}{比較教育訓練費} \geqq 20 \％$$

　　＊　比較教育訓練費の額が零である場合には，次のとおり扱われます。
　　①　適用事業年度に係る教育訓練費の額が零である場合（措令 27 の 12 の 4 の 2 ㉓一）
　　　　この要件は満たさないものとされます。
　　②　①以外の場合（措令 27 の 12 の 4 の 2 ㉓二）
　　　　この要件は満たすものとされます。

【措置法 42 条の 12 の規定の適用を受ける場合】

　措置法 42 条の 12 の規定（地方活力向上地域等において雇用者の数が増加した場合の法人税額の特別控除）の適用を受ける場合には，15 ％あるいは 20 ％を乗ずる「雇用者給与等支給額から比較雇用者給与等支給額を控除した金額」は，「雇用者給与等支給額から比較雇用者給与等支給額を控除した金額

から，更に，措置法 42 条の 12 の規定による控除を受ける金額の計算の基礎
となった者に対する給与等の支給額として政令（措令 27 の 12 の 4 の 2 ①）
で定めるところにより計算した金額を控除した残額」となります。

【税額控除の金額の限度額】

　税額控除限度額が，調整前法人税額の 20 ％に相当する金額を超えるときは，
その控除を受ける金額は，当該 20 ％に相当する金額となります。

(2)　中小企業者等の場合（(1)と選択適用）（措法 42 条の 12 の 5 ②）

【要件①】

　雇用者給与等支給額が比較雇用者給与等支給額を超えること

　　　雇用者給与等支給額　＞　比較雇用者給与等支給額

【要件②】

　継続雇用者給与等支給額から継続雇用者比較給与等支給額を控除した金額の
継続雇用者比較給与等支給額に対する割合が 1.5 ％以上であること

$$\frac{継続雇用者給与等支給額－継続雇用者比較給与等支給額}{継続雇用者比較給与等支給額} \geqq 1.5\ \%$$

　　＊　継続雇用者比較給与等支給額が零である場合には，この要件は満たさ
　　　ないものとされます（措令 27 の 12 の 4 の 2 ㉒二）。

【税額控除の金額（中小企業者等税額控除限度額）】

　雇用者給与等支給額から比較雇用者給与等支給額を控除した金額の 15 ％相
当額を調整前法人税額から控除します。

【税額控除の金額が，雇用者給与等支給額から比較雇用者給与等支給額を控除
した金額の 25 ％となる場合】

　次の要件を満たす場合には，税額控除の金額は，雇用者給与等支給額から比
較雇用者給与等支給額を控除した金額の 25 ％となります。

　　ア　継続雇用者給与等支給額から継続雇用者比較給与等支給額を控除した金
　　　額の継続雇用者比較給与等支給額に対する割合が 2.5 ％以上であること

133

（措法 42 の 12 の 5 ②一）

$$\frac{継続雇用者給与等支給額 - 継続雇用者比較給与等支給額}{継続雇用者比較給与等支給額} \geqq 2.5\,\%$$

   ＊ 継続雇用者比較給与等支給額が零である場合には，この要件は満た
さないものとさます（措令 27 の 12 の 4 の 2 ㉒一）。

イ 次の要件のいずれかを満たすこと

  A 当該事業年度の所得の金額の計算上損金の額に算入される教育訓練費
の額から中小企業比較教育訓練費の額を控除した金額の中小企業比較教
育訓練費の額に対する割合が 10 ％以上であること（措法 42 の 12 の 5
②ニイ）

$$\frac{教育訓練費 - 中小企業比較教育訓練費}{中小企業比較教育訓練費} \geqq 10\,\%$$

   ＊ 中小企業比較教育訓練費の額が零である場合には次のとおり扱われ
ます（措令 27 の 12 の 4 の 2 ㉔）。
  ① 適用事業年度に係る教育訓練費の額が零である場合
    この要件は満たさないものとされます。
  ② ①以外の場合
    この要件は満たすものとされます。

  B 当該事業年度終了の日までにおいて中小企業等経営強化法 19 条 1 項
の認定を受けたものであり，当該認定に係る同項に規定する経営力向上
計画（同法 20 条 1 項の規定による変更の認定があったときは，その変
更後のもの）に記載された同法 2 条 12 項に規定する経営力向上が確実
に行われたことにつき財務省令で定めるところにより証明がされたもの
であること（措法 42 の 12 の 5 ②ニロ）

   ＊ 措置法施行規則 20 条の 10 第 1 項
    措置法 42 条の 12 の 5 第 2 項 2 号ロに規定する財務省令で定めると
ころにより証明されたものは，同項に規定する中小企業者等が受けた

中小企業等経営強化法 19 条 1 項の認定（同法 20 条 1 項の規定による変更の認定を含む。）に係る経営力向上計画（同法 19 条 1 項に規定する経営力向上計画をいう。）の写し及び当該経営力向上計画に係る認定書の写し並びに当該経営力向上計画（同法 20 条 1 項の規定による変更の認定があったときは，その変更後のもの。）に従って行われる同法 2 条 12 項に規定する経営力向上に係る事業の実施状況につき経済産業大臣に報告した内容が確認できる書類（当該経営力向上が行われたことが当該経営力向上計画に記載された指標（経済産業大臣が認めるものに限る。）の値により確認できるものに限る。）を確定申告書等に添付することにより証明がされた当該中小企業者等とする。

【措置法 42 条の 12 の規定の適用を受ける場合】

　措置法 42 条の 12 の規定（地方活力向上地域等において雇用者の数が増加した場合の法人税額の特別控除）の適用を受ける場合には，15 ％あるいは 25 ％を乗ずる「雇用者給与等支給額から比較雇用者給与等支給額を控除した金額」は，「雇用者給与等支給額から比較雇用者給与等支給額を控除した金額から，更に，措置法 42 条の 12 の規定による控除を受ける金額の計算の基礎となった者に対する給与等の支給額として政令（措令 27 の 12 の 4 の 2 ②）で定めるところにより計算した金額を控除した残額」となります。

【税額控除の金額の限度額】

　中小企業者等税額控除限度額が，調整前法人税額の 20 ％に相当する金額を超えるときは，その控除を受ける金額は，当該 20 ％に相当する金額となります。

Ⅱ 設例

① 法人は，平成元年設立で資本金 1,000 万円の青色申告をしている株式会社である。

② 法人の株式は，すべて代表取締役が個人で持っている。

③ 代表取締役，取締役，監査役以外の者の中に，後記Ⅲの(1)の「役員」，「役員の特殊関係者」，「使用人兼務役員」はいない。

④ 法人の事業所は，すべて日本国内にある。

⑤ 事業年度は 4 月 1 日から翌年の 3 月 31 日までである。

⑥ 代表取締役，取締役，監査役以外に従業員 A，B，C，D がいる。

　役員，従業員の状況は設立以来適用事業年度末に至るまで変わっていない。

⑦ 平成 30 年 3 月期の A，B，C，D の給与等の金額は次のとおりである。

　　A　300 万円

　　B　400 万円

　　C　500 万円

　　D　600 万円

⑧ 平成 31 年 3 月期（適用事業年度）の A，B，C，D の給与等の金額は次のとおりである。

　　A　305 万円

　　B　410 万円

　　C　515 万円

　　D　620 万円

⑨ A，B，C，D は設立以来，適用事業年度末まで雇用保険法に規定する一般被保険者であり，「高年齢者等の雇用の安定等に関する法律」に

規定する継続雇用制度に基づき雇用される者には該当しない。

⑩　教育訓練費の額は 100 万円，中小企業比較教育訓練費の額は 90 万円である。

(1)　雇用者給与等支給額

雇用者給与等支給額（後記Ⅲの 2）とは適用事業年度の国内雇用者に対して支給する給与等の額をいいます。

国内雇用者（後記Ⅲの 1）とは，法人の使用人のうち法人の有する国内の事業所に勤務する雇用者をいいます。

A，B，C，D は法人の使用人で，法人の国内の事業所に勤務していますから国内雇用者になります。

雇用者給与等支給額は，平成 31 年 3 月期の A，B，C，D の給与等の金額の合計額になります。

305 万円＋410 万円＋515 万円＋620 万円＝1,850 万円

(2)　比較雇用者給与等支給額

比較雇用者給与等支給額（後記Ⅲの 3）とは，適用事業年度の前事業年度の国内雇用者に対する給与等の支給額をいいます。

適用事業年度は平成 31 年 3 月期ですので，その前事業年度である平成 30 年 3 月期の国内雇用者に対する給与等の支給額が比較雇用者給与等支給額ということになります。

したがって，比較雇用者給与等支給額は平成 30 年 3 月期の A，B，C，D の給与等の金額の合計額になります。

300 万円＋400 万円＋500 万円＋600 万円＝1,800 万円

(3)　継続雇用者給与等支給額

「継続雇用者給与等支給額」とは，継続雇用者に対する適用事業年度の給与等の支給額として政令で定める金額をいいます。

「継続雇用者」とは，適用事業年度及び前事業年度の期間内の各月において当該法人の給与等の支給を受けた国内雇用者（雇用保険法60条の2第1項1号に規定する一般被保険者に限るものとし，高年齢者等の雇用の安定等に関する法律9条1項2号に規定する継続雇用制度の対象である者として財務省令で定める者を除く。）として政令で定めるものをいいます。

そして，適用事業年度の月数と前事業年度の月数が同じ場合には，当該法人の国内雇用者として適用事業年度及び前事業年度の期間内の各月分の当該法人の給与等の支給を受けた者が「継続雇用者」に該当することになります。

継続雇用者給与等支給額とは，雇用者給与等支給額のうち継続雇用者に係る金額をいいます

A，B，C，Dは，設立以来，適用事業年度末まで雇用保険法に規定する一般被保険者であり，「高年齢者等の雇用の安定等に関する法律」に規定する継続雇用制度に基づき雇用される者には該当せず，適用事業年度及び前事業年度の各月において当該法人の給与等の支給を受けた国内雇用者に該当するので，いずれも「継続雇用者」に該当することになります。

適用事業年度である平成31年3月期のAの給与等の金額は305万円，Bの給与等の金額は410万円，Cの給与等の金額は515万円，Dの給与等の金額は620万円なので継続雇用者給与等支給額の金額はこれらの金額の合計額1,850万円ということになります。

305万円＋410万円＋515万円＋620万円＝1,850万円

(4)　継続雇用者比較給与等支給額

「継続雇用者比較給与等支給額」とは，継続雇用者に対する前事業年度の給与等の支給額として政令で定める金額をいい，適用事業年度の月数と前事業年度の月数が同じ場合には，前事業年度に係る給与等支給額のうち継続雇用者に係る金額をいいます。

前事業年度は平成30年3月期なので，平成30年3月期のAの給与等の金額300万円，Bの給与等の金額400万円，Cの給与等の金額500万円，D

の給与等の金額 600 万円の合計額 1,800 万円が継続雇用者比較給与等支給額になります。

300 万円＋400 万円＋500 万円＋600 万円＝1,800 万円

(5) 中小企業者等か中小企業者等以外の法人かの確認

法人は，資本金 1,000 万円の株式会社で，株式はすべて代表取締役が持っていますので，「中小企業者等」（Ⅲの 11）に該当します。

(6) 【要件 1】の確認

【要件 1】は措置法 42 条の 12 の 5 の 1 項の場合も 2 項の場合も雇用者給与等支給額が比較雇用者給与等支給額を超えていることです。

雇用者給与等支給額は 1,850 万円（(1)），比較雇用者給与等支給は 1,800 万円（(2)）であり，雇用者給与等支給額が比較雇用者給与等支給額を超えていますので，措置法 42 条の 12 の 5 の 1 項の場合も 2 項の場合も〔要件 1〕は充足していることになります。

1,850 万円＞1,800 万円

(7) 【要件 2】の確認

【要件 2】は，継続雇用者給与等支給額から継続雇用者比較給与等支給額を控除した金額の継続雇用者比較給与等支給額に対する割合です。

措置法 42 条の 12 の 5 第 1 項を適用する場合は 3 ％以上であること，同条 2 項を適用する場合は 1.5 ％以上であることが要件です。

継続雇用者給与等支給額は 1,850 万円（上記(3)），継続雇用者比較給与等支給額は 1,800 万円（上記(4)）です。

したがって，継続雇用者給与等支給額から継続雇用者比較給与等支給額を控除した金額の継続雇用者比較給与等支給額に対する割合は，2.77 ％になります。

(1,850 万円－1,800 万円)÷1,800 万円＝0.0277

3％以上にはなりませんが，1.5％以上になっているので，措置法42条の12の5第1項の適用要件は満たしませんが，措置法42条の12の5第2項の適用要件は満たすことになります。

(8)　措置法42条の12の5第2項を適用する場合において，税額控除の金額が，雇用者給与等支給額から比較雇用者給与等支給額を控除した金額の25％となる要件

措置法42条の12の5第2項を適用する場合において，税額控除の金額が，雇用者給与等支給額から比較雇用者給与等支給額を控除した金額の25％となる要件の第一は，継続雇用者給与等支給額から継続雇用者比較給与等支給額を控除した金額の継続雇用者比較給与等支給額に対する割合が2.5％以上であることです。

継続雇用者給与等支給額から継続雇用者比較給与等支給額を控除した金額の継続雇用者比較給与等支給額に対する割合は，2.77％ですからこの要件は満たしていることになります。

2.77 ％　＞　2.5 ％

措置法42条の12の5第2項を適用する場合において，税額控除の金額が，雇用者給与等支給額から比較雇用者給与等支給額を控除した金額の25％となる要件の第二には，教育訓練費の額から中小企業比較教育訓練費の額を控除した金額の中小企業比較教育訓練費の額に対する割合が10％以上であることがあります。

教育訓練費の金額は100万円，中小企業比較教育訓練費の金額は90万円なので，教育訓練費の額から中小企業比較教育訓練費の額を控除した金額の中小企業比較教育訓練費の額に対する割合は11.1％となり，この要件も満たしていることになります。

（100万円−90万円）÷90万円＝0.111

11.1 ％ ＞ 10 ％

(9) 税額控除の可否

措置法 42 条の 12 の 5 第 1 項の適用要件は満たしませんが，同条第 2 項の適用要件を満たしています。

そして，その場合に税額控除の金額が雇用者給与等支給額から比較雇用者給与等支給額を控除した金額の 25 ％となる要件も満たしています。

(10) 税額控除の額

雇用者給与等支給額 1,850 万円から比較雇用者給与等支給額 1,800 万円を控除した金額 50 万円の 25 ％相当額 12.5 万円を，適用事業年度における調整前法人税額の 20 ％を限度として税額控除できることになります。

Ⅲ 各用語の意味

1 国内雇用者（措法 42 の 12 の 5 ③二）

　国内雇用者とは，法人の使用人のうち法人の有する国内の事業所に勤務する雇用者（当該法人の国内に所在する事業所につき作成された労働基準法 108 条に規定する賃金台帳に記載された者）をいい，雇用保険制度における一般被保険者でない者も含まれます。

　ただし，当該法人の役員（法人税法 2 条 15 号に規定する役員をいう。）の特殊関係者や使用人兼務役員は，使用人から除かれています。

　なお，役員の特殊関係者とは，次の者をいいます。

① 　役員の親族

② 　役員と婚姻の届出をしていないが事実上婚姻関係と同様の事情にある者

③ 　上記①，②以外の者で役員から生計の支援を受けているもの

④ 　上記②，③の者と生計を一にするこれらの者の親族

　　＊ 　国内雇用者の要件は「使用人のうち国内に所在する事業所につき作成された賃金台帳に記載された者」であることです。そのため，海外に長期出張していた場合でも，国内の事業所で作成された賃金台帳に記載され，給与所得となる給与等の支給を受けている場合には，海外で勤務していても国内雇用者に該当します。

　　＊ 　賃金台帳

　　　労働基準法 108 条は，使用者は，各事業場ごとに賃金台帳を調製し，賃金計算の基礎となる事項及び賃金の額その他厚生労働省令で定める事項を賃金支払の都度遅滞なく記入しなければならない，と規定しています。

　　　労働基準法施行規則 54 条は，賃金台帳に記載すべき事項として次の事項を規定しています。

142

- 賃金の計算の基礎となる事項
- 賃金の額
- 氏名
- 性別
- 賃金計算期間
- 労働日数
- 労働時間数
- 延長時間（残業時間）数，休日労働時間数及び深夜労働時間数
- 基本給，手当その他賃金の種類毎にその額
- 賃金の一部を控除した場合には，その額

図表Ⅲ-1

様式第20号（第55条）

賃金台帳（常時使用される労働者に対するもの）

	賃金計算期間	分	分	分	分	分	分	分	分	氏名
	労働日数	日	日	日	日	日	日	日	日	
	労働時間数	時間	時間	時間	時間	時間	時間	時間	時間	
	休日労働時間数	時間	時間	時間	時間	時間	時間	時間	時間	
	早出残業時間数	時間	時間	時間	時間	時間	時間	時間	時間	
	深夜労働時間数	時間	時間	時間	時間	時間	時間	時間	時間	
	基本賃金	円	円	円	円	円	円	円	円	
	所定時間外割増賃金	円	円	円	円	円	円	円	円	
手当	手当	円	円	円	円	円	円	円	円	
	手当	円	円	円	円	円	円	円	円	
	手当	円	円	円	円	円	円	円	円	
	手当	円	円	円	円	円	円	円	円	性別
		円	円	円	円	円	円	円	円	
		円	円	円	円	円	円	円	円	
	小計	0 円	0 円	0 円	0 円	0 円	0 円	0 円	0 円	所属
	非課税分賃金額	円	円	円	円	円	円	円	円	
	臨時の給与	円	円	円	円	円	円	円	円	
	賞与	円	円	円	円	円	円	円	円	
	合計	0 円	0 円	0 円	0 円	0 円	0 円	0 円	0 円	
社会保険料控除	健康保険	円	円	円	円	円	円	円	円	
	厚生年金・保険	円	円	円	円	円	円	円	円	
	雇用保険	円	円	円	円	円	円	円	円	
	小計	0 円	0 円	0 円	0 円	0 円	0 円	0 円	0 円	
	差引残	0 円	0 円	0 円	0 円	0 円	0 円	0 円	0 円	職名
控除金	所得税	円	円	円	円	円	円	円	円	
	市町村民税	円	円	円	円	円	円	円	円	
		円	円	円	円	円	円	円	円	
	小計	0 円	0 円	0 円	0 円	0 円	0 円	0 円	0 円	
	実物給与	円	円	円	円	円	円	円	円	
	差引支払金	0 円	0 円	0 円	0 円	0 円	0 円	0 円	0 円	
	領収　印	月 日 印	月 日 印	月 日 印	月 日 印	月 日 印	月 日 印	月 日 印	月 日 印	

＊　雇用保険制度における被保険者

雇用保険制度における被保険者の種類は次のとおりです。

①　一般被保険者（65 歳未満の常用労働者）

②　高年齢被保険者（65 歳以上で雇用される者等）

③　短期雇用特例被保険者（季節的に雇用される者）

④　日雇労働被保険者（日々雇用される者，30日以内の期間を定めて雇用される者）

*　法人の役員

法人税法2条15号

役員　法人の取締役，執行役，会計参与，監査役，理事，監事及び清算人並びにこれら以外の者で法人の経営に従事している者のうち政令で定めるものをいう。

法人税法施行令7条

法第2条第15号　（役員の意義）に規定する政令で定める者は，次に掲げる者とする。

1号　法人の使用人（職制上使用人としての地位のみを有する者に限る。次号において同じ。）以外の者でその法人の経営に従事しているもの

2号　同族会社の使用人のうち，第71条第1項第5号イからハまで（使用人兼務役員とされない役員）の規定中「役員」とあるのを「使用人」と読み替えた場合に同号イからハまでに掲げる要件のすべてを満たしている者で，その会社の経営に従事しているもの

*　親族

民法725条

次に掲げる者は，親族とする。

1号　　6親等内の血族

2号　　配偶者

3号　　3親等内の姻族

民法726条

1項　親等は，親族間の世代数を数えて，これを定める。

2項　傍系親族の親等を定めるには，その1人又はその配偶者から同一の祖先にさかのぼり，その祖先から他の1人に下るまでの世代数による。

*　生計を一にする親族

所得税基本通達2-47

法に規定する「生計を一にする」とは，必ずしも同一の家屋に起居していることをいうものではないから，次のような場合には，それぞれ次による。

(1)　勤務，修学，療養等の都合上他の親族と日常の起居を共にしていない
親族がいる場合であっても，次に掲げる場合に該当するときは，これら
の親族は生計を一にするものとする。

イ　当該他の親族と日常の起居を共にしていない親族が，勤務，修学
等の余暇には当該他の親族のもとで起居を共にすることを常例とし
ている場合

ロ　これらの親族間において，常に生活費，学資金，療養費等の送金
が行われている場合

(2)　親族が同一の家屋に起居している場合には，明らかに互いに独立した
生活を営んでいると認められる場合を除き，これらの親族は生計を一に
するものとする。

2　雇用者給与等支給額（措法 42 の 12 の 5 ③四）

雇用者給与等支給額とは，適用事業年度における国内雇用者に対して支給す
る給与等（所得税法 28 条 1 項に規定する給与等）の額で，当該適用事業年度
において損金の額に算入される金額をいいます。

国内雇用者に支給する給与等の総額をいい，支給対象者は継続雇用者に限定
されません

ただし，上記(1)に記載したとおり，役員の特殊関係者や使用人兼務役員に対
して支給する給与等は除かれます。

また，給与等に充てるため他の者（当該法人との間に連結完全支配関係があ
る他の連結法人及び外国法人である場合の法人税法 138 条 1 項 1 号に規定す
る本店等を含む。）から支払を受ける金額がある場合には，その金額を控除す
る必要があります。

＊　事業年度の途中，月の途中で役員になった場合には，役員分の給与は雇
用者給与等支給額には含めず，使用人分の給与は雇用者給与等支給額に含
めます。

＊　決算賞与については，損金算入される事業年度の雇用者給与等支給額に
なります。

＊　給与等とは，所得税法 28 条 1 項に規定する給与等をいいますが，賃金台帳に記載された支給額（所得税法上課税されない通勤手当等の額を含む。）のみを対象として計算する等，合理的な方法により継続的して国内雇用者に対する給与等の支給額を計算している場合には，その計算が認められます（措通 42 の 12 の 5-1 の 3）。

＊　原価計算における労務費にあたる賃金等については，原則的には，期首棚卸と期末棚卸とに含まれる賃金等を加減算することになりますが，煩雑さを避けるため，その賃金等の支給額の確定を基準に計算したものを給与等の支給額とする等，一定の合理性が認められる方法によって，法人が継続的にこの制度における「損金の額に算入される給与等の支給額」を算出することも許容されるものと考えられます（措通 42 の 12 の 5-4）。

＊　措置法通達 42 の 12 の 5-2 は次の掲げる金額は，「その給与等に充てるため他の者から支払を受ける金額」に含まれると定めています。

①　雇用保険法施行規則 110 条に規定する特定就職困難者コース助成金，労働施策の総合的な推進並びに労働者の雇用の安定及び職業生活の充実等に関する法律施行規則 6 条の 2 に規定する特定求職者雇用開発助成金など，労働者の雇入れ人数に応じて国等から支給を受けた助成金の額

②　法人の使用人が他の法人に出向した場合において，その出向した使用人（出向者）に対する給与を出向元法人が支給することとしているときに，出向元法人が出向先法人（出向元法人から出向者の出向を受けている法人）から支払を受けた出向先法人の負担すべき給与に相当する金額

＊　法人の使用人が，他の法人に出向した場合において，その出向した使用人に対する給与を出向元法人（出向者を出向させている法人）が支給する際，出向元法人が出向先法人（出向元法人から出向者の出向を受けている法人）から支払を受けた出向先法人の負担すべき給与に相当する金額（出向者負担金等）は雇用者給与等支給額から控除します。

146

例：A社（出向元法人）にCさんの賃金台帳がある場合

A社ではCさんの給与等に充てる出向負担金22万円をB社から受取っているので，A社の雇用者給与等支給額から，当該出向負担金22万円を除かなければなりません。

B社ではCさんの賃金台帳がないため，雇用者給与等支給額の計算に含めることはできません。

＊　出向先法人が出向元法人へ出向者に係る給与負担金の額を支出する場合において，当該出向先法人の賃金台帳に当該出向者を記載しているときには，出向先法人が支給する当該給与負担金の額は，雇用者給与等支給額に含まれます。（逆に，出向先法人の賃金台帳に記載がない場合は，当該給与負担金の額は出向先の雇用者給与等支給額に含まれません。）

例：出向先法人（B社）にCさんの賃金台帳がある場合

A社ではCさんの賃金台帳がないため，雇用者給与等支給額に含めることはできません。

B社ではCさんの給与負担金を雇用者給与等支給額に含めます。

＊　未払給与は，計上時に損金算入されるものなので，その計上時，すなわち損金算入時の事業年度の「雇用者給与等支給額」に含まれます。これに対して前払給与は，計上時には損金算入されず，その後に損金算入される事業年度の「雇用者給与等支給額」に含まれることになります。

＊　会計上前事業年度末に未払計上した期末賞与は，前事業年度において税務上損金算入が認められるものは前事業年度の雇用者給与等支給額になりますが，会計上未払計上しても税務上計上した事業年度の損金に算入する

ことが認められないものについては，実際に損金算入される事業年度の雇用者給与等支給額になります。

3 比較雇用者給与等支給額（措法 42 の 12 の 5 ③五）

　比較雇用者給与等支給額とは，前事業年度の所得の金額の計算上損金の額に算入される国内雇用者に対する給与等の支給額をいいます。

　給与等に充てるため他の者（当該法人との間に連結完全支配関係がある他の連結法人及び外国法人である場合の法人税法 138 条 1 項 1 号に規定する本店等を含む。）から支払を受ける金額がある場合には，その金額を控除する必要があるのは，雇用者給与等支給額の場合と同じです。

　前事業年度の月数と適用事業年度の月数が異なる場合には，その月数に応じ政令（措令 27 の 12 の 4 の 2 ⑥）で定めるところにより計算した金額となります。

　＊　1 月に満たない端数を生じたときは 1 月とします（措法 42 の 12 の 5 ④）。

ア　前事業年度の月数が適用事業年度の月数を超える場合

　前事業年度に係る給与等支給額（その所得の金額の計算上損金の額に算入される国内雇用者に対する給与等の支給額）に適用事業年度の月数を乗じてこれを前事業年度の月数で除して計算した金額（措令 27 の 12 の 4 の 2 ⑥一）

　前事業年度に係る給与等支給額のうち，適用事業年度の月数に応じて月数按分した金額となり，改正前の計算方法と変更はありません。

イ　前事業年度の月数が適用事業年度の月数に満たない場合

　A　前事業年度の月数が 6 月に満たない場合

　　適用事業年度開始の日前 1 年以内に終了した各事業年度（前一年事業年度等）に係る給与等支給額の合計額に適用事業年度の月数を乗じてこれを前一年事業年度等の月数の合計数で除して計算した金額とされています（措令 27 の 12 の 4 の 2 ⑥二イ）。

　　つまり，前事業年度に係る給与等支給額に適用事業年度開始の日から起

148

算して 1 年前の日を含む事業年度から前事業年度の直前までの各事業年度に係る給与等支給額の合計額を加算した金額のうち，適用事業年度の月数に応じて月数按分した金額となります。

ただし，前一年事業年度等が設立事業年度（措法 42 の 12 の 5 ③一）に該当する場合には，前一年事業年度等に係る給与等支給額の合計額を，適用事業年度の月数と前一年事業年度等の月数の合計数との比に応じて引き延ばした金額となります。

（注）　その適用事業年度が 1 年に満たない場合には，上記の「適用事業年度の開始の日前 1 年以内」は，「適用事業年度開始の日前の適用事業年度の期間以内」とすることとされています。

　　　　つまり，適用事業年度の期間が例えば 8 か月である場合には，前一年事業年度等は，適用事業年度開始の日前 8 月以内に終了した各事業年度となります。

このように，改正前と異なり，前事業年度の給与等支給額を単純に引き延ばさずに，比較雇用者給与等支給額を可能な限り実際に支給された給与等に基づくこととされていますが，これは，改正後では比較雇用者給与等支給額が税額控除限度額の計算の基礎となること，また通常は賞与（ボーナス・一時金）の支給が一定の雇用期間を前提とすることから，前事業年度の期間によっては適用事業年度との差が大きくなるといった不整合な結果が容易に想定されることを踏まえて，より合理的な比較となることを期待して変更されたものです。

　B　前事業年度の月数が 6 月以上である場合

　　　前事業年度に係る給与等支給額に適用事業年度の月数を乗じてこれを前事業年度の月数で除して計算した金額とされています（措令 27 の 12 の 4 の 2 ⑥二ロ，⑤二ロ）。

　　　つまり，調整計算は上記アと同じで，前事業年度に係る給与等支給額を，適用事業年度の月数と前事業年度の月数との比に応じて引き延ばした金額となります。

（注）　上記 A と異なり，前事業年度の給与等支給額を単純に引き延ばし

ているのは，半年以上の期間があれば，賞与（ボーナス・一時金）を含め1年を通じた給与等支給額の月平均と概ね同等になるものと考え，計算の簡便化が図られたものです。

比較雇用給与等支給額の前事業年度の月数と適用事業年度の月数が異なる場合の調整計算

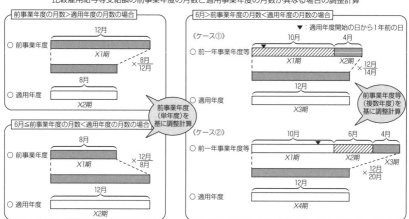

4 継続雇用者給与等支給額（措法42の12の5③六）

「継続雇用者給与等支給額」とは，継続雇用者に対する適用事業年度の給与等の支給額として政令で定める金額をいいます。

「継続雇用者」とは，適用事業年度及び前事業年度の期間内の各月において当該法人の給与等の支給を受けた国内雇用者として政令で定めるものをいいます。

* 継続雇用者とは

継続雇用者とは，法人の国内雇用者（雇用保険法60条の2第1項1号に規定する一般被保険者に限るものとし，高年齢者等の雇用の安定等に関する法律9条1項2号に規定する継続雇用制度の対象である者として財務省令で定める者を除く。）のうち，次の場合の区分に応じて，各区分に定めるものをいいます（措令27の12の4の2⑬）。

* 前事業年度または適用事業年度のすべて又は一部において産休・育

休等により休職しており，その間給与等の支給がない月があった者は継続雇用者にはなりませんが，「産休・育休手当」等は給与等に含まれると解されます。

① 適用事業年度の月数と前事業年度の月数が同じ場合

当該法人の国内雇用者として適用事業年度及び前事業年度の期間内の各月分の当該法人の給与等の支給を受けた者

＊ 「各月分の給与等の支給を受けた者」なので，例えば，給与等の支給日が月末で，曜日の関係でその実際の支払が翌月になる場合でも，各月分の給与等の支給を受けた者に該当することになります。

また，支給月が支給対象月の翌月となっている場合には，支給対象月が適用事業年度とその前事業年度のすべての月分であるかどうかによって判断することになります。

② 適用事業年度の月数と前事業年度の月数とが異なる場合

ア 前事業年度の月数が適用事業年度の月数に満たない場合

当該法人の国内雇用者として適用事業年度の期間及び「前一年事業年度等」の期間内の各月分の当該法人の給与等の支給を受けた者

適用事業年度開始の日から起算して1年（適用事業年度が1年に満たない場合には，この1年は，当該事業年度の期間となる）前の日又は設立の日を含む「前一年事業年度等」にあっては，「前一年事業年度等特定期間」内の各月分の当該法人の給与等の支給を受けた者

＊ 前一年事業年度等

適用事業年度開始の日前1年以内に終了した各事業年度をいう。

適用事業年度が1年に満たない場合には，この1年は，当該事業年度の期間となり，設立の日以後に終了した事業年度に限られます。

＊ 前一年事業年度等特定期間

適用事業年度開始の日から起算して1年（適用事業年度が1年に満たない場合には，この1年は，当該事業年度の期間となる）前の日又は設立の日のいずれか遅い日から当該前一年事業年度等の終了までの期間をいいます。

イ 前事業年度の月数が適用事業年度の月数を超える場合

当該法人の国内雇用者として当該適用事業年度の期間及び前事業年度等特定期間内の各月分の当該法人の給与等の支給を受けた者

＊ 前事業年度等特定期間

　　　　前事業年度等特定期間とは，前事業年度のうち適用事業年度の期
　　　間に相当する期間で前事業年度の終了する日に終了する期間をいい
　　　ます。
　（注）　措置法施行規則 20 条の 10 第 2 項
　　　　　措置法施行令 27 条の 12 の 5 第 13 項に規定する財務省令で定
　　　める者は，当該法人の就業規則において同項に規定する継続雇
　　　用制度を導入している旨の記載があり，かつ，次に掲げる書類
　　　のいずれかに当該継続雇用制度に基づき雇用されている者であ
　　　る旨の記載がある場合の当該者とされます。
　　　　1 号　雇用契約書その他これに類する雇用関係を証する書類
　　　　2 号　措置法施行令 27 条の 12 の 5 第 4 項に規定する賃金台帳
　＊　継続雇用者給与等支給額とは
　　継続雇用者給与等支給額とは，雇用者給与等支給額のうち継続雇用者に
　係る金額をいいます（措令 27 の 12 の 4 の 2 ⑭）。

5　継続雇用者比較給与等支給額（措法 42 の 12 の 5 ③七）

　「継続雇用者比較給与等支給額」とは，継続雇用者に対する前事業年度の給
与等の支給額として政令で定める金額をいいます。
　具体的には次の各場合に応じて，それぞれ次の金額になります（措令 27 の
12 の 4 の 2 ⑮）。
①　措置法施行令 27 条の 12 の 4 の 2 第 13 項 1 号に掲げる場合（適用事業
　年度の月数と前事業年度の月数とが同じ場合）
　　前事業年度に係る給与等支給額のうち継続雇用者に係る金額
②　措置法施行令 27 条の 12 の 4 の 2 第 13 項 2 号イに掲げる場合（前事業
　年度の月数が適用事業年度の月数に満たない場合）
　　措置法施行令 27 条の 12 の 4 の 2 際 13 項 2 号イに規定する前一年事業
　年度等に係る給与等支給額のうち継続雇用者に係る金額（前一年事業年度等
　の前一年事業年度等特定期間に対応する金額に限る。）の合計額に適用事業
　年度の月数を乗じてこれを前一年事業年度等特定期間の月数の合計数で除し

て計算した金額)
③ 措置法施行令27条の12の4の2第13項ロに掲げる場合(前事業年度の月数が適用事業年度の月数を超える場合)
前事業年度に係る給与等支給額のうち継続雇用者に係る金額(前事業年度の前事業年度等特定期間に対応する金額に限る。)

図表Ⅲ-2 適用事業年度の期間と前事業年度等の期間とが一致しない場合の継続雇用者比較給与等支給額の計算イメージ

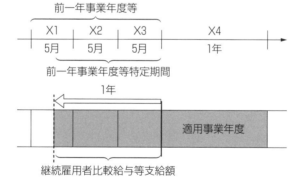

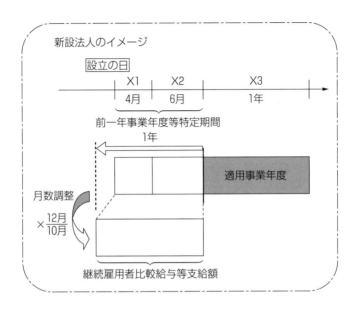

【適用事業年度の月数＜前事業年度等の月数】

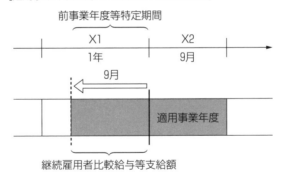

6 国内設備投資額（措法42の12の5③八）

「国内設備投資額」とは，適用事業年度において「取得等」をした「国内資産」で適用事業年度終了の日において有するものの取得価額の合計額をいいます。

＊ 取得等

取得等とは，取得又は製作若しくは建設をいい，合併，分割，贈与，交換，現物出資，法人税法2条12号の5の2に規定する現物分配，代物弁済（旧措令27の12の4の2⑯）による取得は除かれています。

＊ 贈与による取得があったものとされる場合の適用除外（措通42の12の5-10）

ア 資産を著しく低い対価で取得した場合において，その対価の額と取得の時における当該資産の価額との差額に相当する金額について贈与を受けたものと認められるときは，措置法42条の12の5第3項8号の規定の適用に当たっては，当該対価の額による取得があったものとします。

イ 資産を著しく高い対価の額で取得した場合において，その対価の額と取得の時における当該資産の価額との差額に相当する金額の贈与をしたものと認められるときは，措置法42条の12の5第3項8号の規定の適用に当たっては，当該資産の価額による取得があったものとします。

＊ 国内資産

国内資産とは，国内にある法人の事業の用に供する棚卸資産，法人税法2条21号に規定する有価証券及び同条24号に規定する繰延資産以外の資産のうち法人税法施行令13条各号に掲げるもの（時の経過によりその価値の減少しないものを除く。）とされています（措令27の12の4の2⑰）。

生産等設備に限定されないので，事業用の減価償却資産であれば，本店建物，事務用機器，自動車，福利厚生施設等であっても該当することになります。

「法人の事業の用に供する資産」とされ「法人の事業の用に供した資産」とされていないので，適用事業年度の終了の日までに取得等していれば足り，その日において事業の用に供していないものでも国内資産に該当します（旧措通42の12の5-7）。

いわゆる新品のもの，国内で生産されたものに限られませんが，建設仮勘定への支出は，建物等の資産として取得するまでは，国内資産には該当しません。

他者への貸付目的資産も国内資産になります。

また，国内にある法人の事業の用に供するものである必要がありますので，適用事業年度終了の日において国内事業の用に供する見込みが全くないものは，これに該当しません。

155

「国内にある法人の事業の用に供する」ものに該当するか否かについては，個別に判断されることになりますが，基本的には，次のように取り扱われるものと考えられています（旧措通 42 の 12 の 5-6）。

① 事業の用に供する（使用する）場所が国内である資産は，国内資産に該当します。また，事業の用に供する場所が必ずしも明確でない無形固定資産であっても，国内向け事業の用に供するものは，国内資産に該当します。「国内向け事業」とは，一義的には，国内における資産の販売若しくは貸付け又は役務の提供です。

② 航空機や船舶など，事業の用に供する（使用する）場所が国内に限られない資産や国外向け事業の用にも供する（使用する）資産であっても，上記①にも該当する要素があれば，国内資産に該当します。

③ 国外に据え置かれた有形資産や国外にある媒体に記録されたソフトウェアは，専ら国内向けの事業の用に供する場合であっても国内資産に該当しません。これは，この要件を設けた趣旨が，国内の設備投資の喚起と事業用設備の国内回帰を促すことにもあるためです。

法人税法上，無形固定資産に該当するものの判定については，その登録等が国内であるか否かは，重要な要素ではないといえますが，国外の土地に付随する無形固定資産（例えば，地上権や租鉱権）は，上記③と同様に，国内資産に該当しないことになります。

国内設備投資額は，適用対象法人が適用事業年度において取得等をした国内資産でその適用事業年度終了の日において有するものの取得価額の合計額なので，適用事業年度に取得等をした国内資産であっても，その適用事業年度中に分割その他譲渡により移転したものは，この合計額の中には含まれないことになります。

＊ 適用事業年度に取得等をした国内資産であれば足り，適用事業年度内に事業の用に供している国内資産に限られません。また，適用事業年度内に事業の用に供した国内資産であっても，適用事業年度において取得等をしたものでなければ，国内設備投資額に含まれません。

＊ 国等から受けた補助金等に相当する圧縮記帳の適用を受けている場合であっても，実際の取得に要した金額（投資額）に相当する圧縮記帳前の取得価額となり，特別償却等を適用する前の取得価額となります（旧措通 42 の 12 の 5-9）。

＊ 上記のほか，国内設備投資額の計算においては，原則として次のように

取り扱われます。

① オペレーティング・リース取引以外のリース取引に係る契約により取得した国内資産の取得価額を含みます。

② 税務上取得価額に算入すべき金額を含めて計算します。

③ 減価償却資産を新たに取得したものとされるいわゆる資本的支出の金額を含みます（旧措通 42 の 12 の 5-8）。

＊ 取得価額の判定は，資産について税抜経理を採用している場合には税抜きで，税込経理を採用している場合は税込みで判定します。

＊ 自社で製作した資産を対象とする場合，その資産の取得価額には，当該資産の製作等のために要した原材料費，労務費及び経費の額，及び当該資産を事業の用に供するために直接要した費用の額が含まれます。

7 当期償却費総額（措法 42 の 12 の 5 ③九）

「当期償却費総額」とは，法人が有する減価償却資産につき適用事業年度においてその償却費として損金経理をした金額の合計額をいいます。

損金経理とは，法人がその確定した決算において費用又は損失として経理することをいい（法法 2 二十五），法人税法 72 条 1 項 1 号又は 144 条の 4 第 1 項 1 号若しくは 2 号若しくは 2 項 1 号に掲げる金額を計算する場合にあっては，同法 72 条 1 項又は 144 条の 4 第 1 項若しくは 2 項に規定する期間に係る決算において費用又は損失として経理することをいます。

損金経理をした金額には，損金経理の方法又は適用事業年度の決算の確定の日までに剰余金の処分により積立金として積み立てる方法により特別償却準備金として積み立てた金額を含み，同法 31 条 4 項の規定により同条 1 項に規定する損金算入額に含むものとされる金額は除かれます。

「法人が有する減価償却資産につき適用事業年度においてその償却費として損金経理をした金額」なので，適用事業年度中に取得等したものに限られず，適用事業年度中に譲渡したものを除く必要もなく，国内資産に係るものに限定されることもありません。

したがって，具体的な当期償却費総額は，適用対象法人が全世界において事

157

業用資産として有する減価償却資産について計上した会計上の減価償却費に，特別償却準備金として決算書上処理された金額を加えた金額となります。

　ただし，法人税法31条4項の規定により償却費として損金経理をした金額に含まれる前事業年度等のいわゆる償却限度超過額は，減価償却費の額として重複しないよう，「償却費として損金経理をした金額」から除くこととされています。

> ＊　法人税法施行令131条の2第3項の規定により「償却費として損金経理をした金額」に含まれるとされている①売買があったものとされたリース資産につき賃借人が賃借料として損金経理をした金額，②金銭の貸付けがあったものとされた場合のその賃貸に係る資産につき譲渡人が賃借料として損金経理をした金額は，減価償却費の額に含まれます。
> ＊　法人税基本通達7-5-1又は7-5-2により「償却費として損金経理をした金額」に含まれるとされる金額は減価償却費の額に含まれます。
> 　ただし，法人が継続して，これらの金額についてこの「償却費として損金経理……をした金額」に含めないこととして計算している場合には，国内設備投資額の計算につき当該法人の有する国内資産に係るこれらの金額に相当する金額を含めないこととしている限り，この計算を認めることとされています（旧措通42の12の5-11）。

8　教育訓練費（措法42の12の5③十）

　「教育訓練費」とは，国内雇用者の職務に必要な技術又は知識を習得させ，又は向上させるために支出する費用で政令で定めるものをいいます。

> ＊　教育訓練等の対象者は「国内雇用者」なので，次の者に対する教育訓練のための費用は「教育訓練費」に該当しません。
> ア　当該法人の役員
> イ　使用人兼務役員
> ウ　当該法人の役員と特殊関係のある者（①役員の親族，②事実上役員と婚姻関係と同様の事情にある者，③役員から生計の支援を受けている者，④②又は③と生計を一にする親族）
> エ　内定者等の入社予定者（国内雇用者にならないため）

＊ 法人の所有する研修に利用する施設等の光熱費，維持管理費用，取得のための費用，減価償却費等は含まれません。

また，テキスト等の教材費も含まれません。

＊ 福利厚生目的など教育訓練以外の目的のものは含まれません。

＊ 給与等の支給額の計算の際には，労働者の雇入れ人数に応じて国等から支給を受けた助成金の額を控除する必要がありますが，教育訓練費に関しても助成金がある場合には控除します。

措置法施行令27条の12の4の2第18項は，「教育訓練費」を次のとおり定めています。

① 法人がその国内雇用者に対して，教育，訓練，研修，講習その他これらに類するもの（教育訓練等）を自ら行う場合

　イ 教育訓練等のために講師又は指導者（当該法人の役員又は使用人である者を除く。）に対して支払う報酬その他の財務省令で定める費用

　※ 措置法施行規則20条の10第3項

　　措置法施行令27条の12の5第18項1号イに規定する財務省令で定める費用は，同号に規定する教育訓練等のために同号イに規定する講師又は指導者（講師等）に対して支払う報酬，料金，謝金その他これらに類するもの及び講師等の旅費（教育訓練等を行うために要するものに限る。）のうち当該法人が負担するもの並びに教育訓練等に関する計画又は内容の作成について当該教育訓練等に関する専門的知識を有する者（当該法人の役員（法人税法42条の12の5第3項2号に規定する役員をいう。）又は使用人である者を除く。）に委託している場合の当該専門的知識を有する者に対して支払う委託費その他これに類するものとする。

　＊ 教育訓練等は，大学等の教授等による座学研修や専門知識の伝授のほか，技術指導員等による技術・技能の現場指導を行う場合も対象となります。

　＊ 教育訓練等を行う講師等は，当該法人の役員，使用人は該当しませんが，当該法人の子会社，関連会社等のグループ企業の役員，使用人でもかまいません。

＊　外部の専門家・技術者に対し，契約により，継続的に講義，指導等の実施を依頼する場合の費用も「教育訓練費」に該当します。

＊　講師等に対して支払う報酬等は，講師等の個人に対して支払う報酬等に限られず，法人から講師等の派遣を受けその対価をその法人に支払った場合の費用も含まれます。

＊　講師等に対し講義・指導等の対価として支払う報酬等に限らず，当該法人が負担する講師等の招聘に要する費用（交通費・旅費（宿泊費，食費等を含む。））も対象になります。

＊　教育訓練を担当する部署（人事部，研修部等）に勤務する従業員に支払う給与等の人件費は教育訓練費には含まれません。

ロ　教育訓練等のために施設，設備その他の資産を賃借する費用その他これに類する財務省令で定める費用

＊　措置法施行規則 20 条の 10 第 4 項
　　措置法施行令 27 条の 12 の 5 第 18 項 1 号ロに規定する財務省令で定める費用は，コンテンツ（文字，図形，色彩，音声，動作若しくは映像又はこれらを組み合わせたもの。）の使用料（コンテンツの取得に要する費用を除く。）とする。

＊　当該法人の子会社，関連会社等のグループ企業の所有する施設等を賃借する場合も対象になります。

＊　当該施設等が普段は生産等の企業活動に用いられている場合であっても，賃借して使用する法人が教育訓練等を行うために賃借する場合は対象になります。

＊　教育訓練等のために使用されている契約期間であれば，その実際の使用期間に制約されません。

＊　施設，設備，コンテンツ等とは具体的には次のようなものをいいます。
　・　施設の例：研修施設，会議室，実習室等
　・　設備の例：教育訓練用シュミレーター設備等
　・　器具・備品の例：OHP，プロジェクター，ホワイトボード，パソコン等
　・　コンテンツの例・コンテンツ DVD，e-ラーニング内のコンテンツ

②　法人から委託を受けた他の者（当該法人との間に連結完全支配関係があ

る他の連結法人及び当該法人が外国法人である場合の法人税法 138 条 1
項 1 号に規定する本店等を含む。）が教育訓練等を行う場合

当該教育訓練等を行うために当該他の者に対して支払う費用

＊　教育機関や人材教育会社のほか，子会社に委託する場合も含まれます。

＊　委託先が教育訓練を業としない会社であっても，実態として教育訓練を
行うのであれば，委託費は教育訓練費に含まれます。

③　法人がその国内雇用者を他の者（当該法人との間に連結完全支配関係が
ある他の連結法人及び当該法人が外国法人である場合の法人税法 138 条
1 項 1 号に規定する本店等を含む。）が行う教育訓練等に参加させる場合

当該他の者に対して支払う授業料その他の財務省令で定める費用

＊　措置法施行規則 20 条の 10 第 5 項
　　措置法施行令 27 条の 12 の 5 第 18 項 3 号に規定する財務省令で定める費
用は，授業料，受講料，受験手数料その他の同号の他の者が行う教育訓練
等に対する対価として支払うものとする。

＊　研修講座等の一環で資格試験が行われる場合に負担する受験手数料も対
象とされているほか，研修講座等で使用する教科書代などの教材費が対価
に含まれている場合も，その全額が対象になるものと考えられます。

　　教育訓練等に関連する旅費，交通費，食費，宿泊費，住居費（研修の参
加に必要な交通費やホテル代，海外留学時の住居費等）は教育訓練費にな
りません。

　　また，教育訓練のための直接的な費用ではない大学等への寄附金や保険
料も対象とはなりません。

＊　大学等への通学・留学費用であっても単に学士取得やキャリアアップ等
を目的としているなど，使用人が個人として負担すべき費用（所得税法上
給与所得に該当するもの）を法人が肩代わり負担している場合の当該費用は，
教育訓練費には含まれません。

＊　組合がその組合員である法人の国内雇用者に対して教育訓練等を実施す
る場合に徴収する賦課金は対象となりませんが，組合が主催する研修セミ
ナー等に国内雇用者を参加させる場合の対価として支払われる費用は，対
象になるものと考えられます。

＊　教育訓練等に参加させる国内雇用者のその参加期間中の給与や参加に伴

う報奨金については，教育訓練費には該当しません。
* 法人が直接又は間接に（国内雇用者を通じて）他の者に支払う費用をいい，当該国内雇用者が費用の一部を負担する場合には，その負担した金額を教育訓練費から控除することになります。

9 比較教育訓練費の額（措法 42 の 12 の 5 ③十一）

「比較教育訓練費の額」とは，適用事業年度開始の日前 2 年以内に開始した各事業年度の所得の金額の計算上損金に算入される教育訓練費の額（当該各事業年度の月数と適用事業年度の月数とが異なる場合には，当該教育訓練費の額に適用事業年度の月数を乗じてこれを当該各事業年度の月数で除して計算した金額とする。）の合計額を当該 2 年以内に開始した各事業年度の数で除して計算した金額をいいます。

1 年決算の法人の場合には，前事業年度と前々事業年度の損金の額に算入した教育訓練費の額の平均値ということなので，過去の事業年度の教育訓練費の額を集計することになります。

設立 2 年目にこの制度の適用を受けようとする場合，比較教育訓練費の額が 1 事業年度しかないことになりますが，その場合には，その 1 事業年度の教育訓練費の額が比較教育訓練費の額になります。

10 中小企業比較教育訓練費の額（措法 42 の 12 の 5 ③十二）

「中小企業比較教育訓練費の額」とは，中小企業者等の適用事業年度開始の日前 1 年以内に開始した各事業年度の所得の金額の計算上損金の額に算入される教育訓練費の額（当該各事業年度の月数と適用事業年度の月数とが異なる場合には当該教育訓練費の額に適用事業年度の月数を乗じてこれを当該各事業年度の月数で除して計算した金額とする。）の合計額を当該 1 年以内に開始した各事業年度の数で除して計算した金額をいいます。

1 年決算の法人の場合には，前事業年度の損金の額に算入した教育訓練費の

額ということになります。過去2年間の事業年度ではなく，過去1年間の事業年度の教育訓練費の額を集計することになる点が比較教育訓練費の計算と異なります。

11 中小企業者等（措法42の12の5②）

「中小企業者等」とは，措置法42条の4第3項に規定する中小企業者（適用除外事業者に該当するものを除く。）又は農業協同組合等で青色申告書を提出するものをいうとされています。

具体的には次のとおりです。

① 中小企業者

　ア　資本金の額若しくは出資金の額が1億円以下の法人のうち次に掲げる法人以外の法人

①	その発行済株式又は出資の総数又は総額の2分の1以上が同一の大規模法人（資本金の額若しくは出資金の額が1億円を超える法人又は資本若しくは出資を有しない法人のうち常時使用する従業員の数が1,000人を超える法人又は次に掲げる法人をいい，中小企業投資育成株式会社を除く。②において同じ。）の所有に属している法人 イ　大法人（次に掲げる法人をいう。）との間に当該大法人による完全支配関係（法人税法2条12号の7の6に規定する完全支配関係をいう。）がある普通法人 　(1)　資本金の額又は出資金の額が5億円以上である法人 　(2)　保険業法2条5項に規定する相互会社及び同条10項に規定する外国相互会社のうち，常時使用する従業員の数が1,000人を超える法人 　(3)　法人税法4条の7（受託法人等に関するこの法律の適用）に規定する受託法人 ロ　普通法人との間に完全支配関係がある全ての大法人が有する株式（投資信託及び投資法人に関する法律2条14項に規定する投資口を含む。）及び出資の全部を当該全ての大法人のうちいずれか一の法人が有するものとみなした場合において当該いずれか一の法人と当該普通法人の間に当該いずれか一の法人による完全支配関係があることとなるときの当該普通法人
②	①に掲げるもののほか，その発行済株式又は出資の総数又は総額の3分の2以上が大規模法人の所有に属している法人

163

イ　資本若しくは出資を有しない法人のうち常時使用する従業員の数が
　　1,000人以下の法人
②　農業協同組合等
　　・　農業協同組合
　　・　農業協同組合連合会
　　・　中小企業等協同組合
　　・　出資組合である商工組合及び商工組合連合会
　　・　内航海運組合
　　・　内航海運組合連合会
　　・　出資組合である生活衛生同業組合
　　・　漁業協同組合
　　・　漁業協同組合連合会
　　・　水産加工業協同組合
　　・　水産加工業協同組合連合会
　　・　森林組合
　　・　森林組合連合会
③　中小企業者等であるかどうかの判定の時期
　　法人が中小企業者等に該当するかどうかは，適用事業年度終了の時の現況に
よって判定することとされています（措通42の12の5-1）。

Ⅳ 手続的要件

1 他の税制措置との適用関係

以下の制度とは選択適用になります。
・ 復興産業集積区域において被災雇用者等を雇用した場合の法人税額の特別控除制度
・ 避難解除区域等において避難対象雇用者等を雇用した場合の法人税額の特別控除制度
・ 企業立地促進区域において避難対象雇用者等を雇用した場合の法人税額の特別控除制度

2 添付書類

ア　この制度の適用を受けるためには，確定申告書等（この制度により控除を受ける金額を増加させる修正申告書又は更正請求書を提出する場合には，当該修正申告書又は更正請求書を含む。）に控除の対象となる雇用者給与等支給額から比較雇用者給与等支給額を控除した金額，控除を受ける金額及びその金額の計算に関する明細並びに継続雇用者給与等支給額及び継続雇用者比較給与等支給額を記載した書類の添付が要件とされています。
　　この場合において，控除される金額の計算の基礎となる当該控除した金額は，確定申告書等に添付された書類に記載された雇用者給与等支給額から比較雇用者給与等支給額を控除した金額が限度となります（措法42の12の5⑤）。
イ　措置法42条の12の5第1項3号又は第2項2号イに掲げる要件を満

たすものとして同条 1 項又は 2 項の規定の適用を受ける場合には，これらの規定の適用を受ける事業年度の確定申告書等に措置法施行令 27 条の 12 の 4 の 2 第 18 項各号に定める費用の明細を記載した書類として財務省令で定める書類を添付しなければならないこととされています（措令 27 の 12 の 4 の 2⑲）。

　措置法施行規則 20 条の 10 第 6 項は，措置法施行令 27 条の 12 の 5 第 19 項に規定する財務省令で定める書類は，措置法 42 条の 12 の 5 第 1 項又は 2 項の規定の適用を受けようとする事業年度の所得の金額の計算上損金の額に算入される同条 1 項 3 号に規定する教育訓練費の額及び当該事業年度における同条 3 項 11 号に規定する比較教育訓練費の額又は同項 12 号に規定する中小企業比較教育訓練費の額に関する次に掲げる事項を記載した書類（様式自由）とすると規定しています。

1 号　措置法施行令 27 条の 12 の 5 第 18 項各号に定める費用に係る教育訓練等の実施時期

2 号　当該教育訓練等の内容

3 号　当該教育訓練等の対象となる措置法 42 条の 12 の 5 第 3 項 2 号に規定する国内雇用者の氏名

4 号　その費用を支出した年月日，内容及び金額並びに相手先の氏名又は名称

＊　1 号，2 号及び 4 号は，該当性の判定のために特定，突合ができる程度（例えば，実施時期であれば月まで等）で十分であると考えられます。

　また，3 号は，実際に教育訓練等に参加した国内雇用者あるいは参加予定者となります。

3　適用除外

　設立事業年度，合併による解散以外の解散の日を含む事業年度及び清算中の各事業年度については，本制度は適用できません。

したがって，適用事業年度における合併・分割に係る新設法人は適用できません。

* 設立事業年度

　設立事業年度とは，設立の日（法人税法2条4号に規定する外国法人にあっては恒久的施設を有することとなった日とし，同条6号に規定する公益法人等及び人格のない社団等にあっては同条13号に規定する収益事業を開始した日とし，収益事業を行っていない公益法人等に該当していた同条9号に規定する普通法人又は同条7号に規定する協同組合等にあっては当該普通法人又は協同組合等に該当することとなった日とする。）を含む事業年度をいいます（措法42の12の5③一）。

V 記載例

図表V-1　適用事業年度：令和2年4月1日～令和3年3月31日（中小企業者等に該当し，措置法42条の12の5第2項を適用する場合）

別表6（24）の計算 （単位：円）

			設　例
1	雇用者給与等支給額	本文Ⅲ(2)の金額	93,000,000
2	比較雇用者給与等支給額	(25) の金額	90,000,000
3	調整前雇用者給与等支給増加額	(1)－(2)（マイナスの場合は0）	3,000,000
4	継続雇用者給与等支給額	本文Ⅲ(4)の金額	89,000,000
5	継続雇用者比較給与等支給額	本文Ⅲ(5)の金額	86,000,000
6	継続雇用者給与等支給増加額	(4)－(5)	3,000,000
7	継続雇用者給与等支給増加割合	(6)/(5)	0.03488
8	教育訓練費の額	本文Ⅲ(8)の金額	5,600,000
9	中小企業比較教育訓練費の額	本文Ⅲ(10)の金額	5,000,000
10	教育訓練費増加額	(8)－(9)（マイナスの場合は0）	600,000
11	教育訓練費増加割合	(10)/(9)	0.12000
12	雇用者給与等支給増加額重複控除額	別表六（二十四）付表「13」	0
13	雇用者給与等支給増加額	(3)－(12)（マイナスの場合は0）	3,000,000
14	中小企業者等税額控除限度額の計算	(7)≧2.5％の場合において，(11)≧10％若しくは(8)＝(10)＞0のとき又は経営力向上要件を満たすとき(13)×25/100	750,000
16	中小企業者等税額控除限度額の計算	(14)又は(15)	750,000
17	調整前法人税額	別表一（一）「2」，別表一（二）「2」，別表一（三）「2」又は別表一の三「2」若しくは「13」	4,000,000
18	当期税額基準額	(17)×20/100	800,000
19	当期税額控除可能額	(16)と(18)のうち少ない金額	750,000
20	調整前法人税額超過構成額	別表六（二十八）「7の㉓」	0
21	法人税額の特別控除額	(19)－(20)	750,000
23	前事業年度における国内雇用者に対する給与等の支給額	本文Ⅲ(3)	90,000,000
25	比較雇用者給与等支給額	本文Ⅲ(3)	90,000,000
27の①	適用事業年度の雇用者給与等支給額	(1)の金額	93,000,000
27の②	前事業年度の雇用者給与等支給額	(23)の金額	90,000,000
28の①	適用事業年度の継続雇用者給与等の金額	本文Ⅲ(4)の金額	89,000,000
28の②	前事業年度の継続雇用者給与等支給額	本文Ⅲ(5)の金額	86,000,000
30の①	継続雇用者給与等支給額	本文Ⅲ(4)の金額	89,000,000
30の②	継続雇用者比較給与等支給額	本文Ⅲ(5)の金額	86,000,000
35	中小企業比較教育訓練費の額	本文Ⅲ(10)の金額	5,000,000

第1部 法人税編

② 賃上げ・生産性向上のための税制・所得拡大促進税制（令和3年3月31日までに開始する事業年度）

中小企業者等が給与等の引上げを行った場合の法人税額の特別控除に関する明細書

事業年度	2 ・ 4 ・ 1 〜 3 ・ 3 ・ 31	法人名	○×商事株式会社

別表六(二十四) 平三十一・四・一以後終了事業年度分

			円				円
雇用者給与等支給額 (25)	1	93,000,000		雇用者給与等支給増加重複控除額 (別表六(二十四)付表「13」)	12	0	
比較雇用者給与等支給額 (25)	2	90,000,000		雇用者給与等支給増加額 (3)−(12) (マイナスの場合は0)	13	3,000,000	
調整前雇用者給与等支給増加額 (1)−(2) (マイナスの場合は0)	3	3,000,000		(7)≧2.5%の場合において、(11)≧10% 若しくは(8)＞0のとき又は経営力向上要件を満たすとき (13)×25/100	14	750,000	
継続雇用者給与等支給額 (30の①)	4	89,000,000		同上以外の場合 (13)×15/100 ((7)＜0.015の場合は0)	15		
継続雇用者比較給与等支給額 (30の②)又は(30の③)	5	86,000,000		中小企業者等税額控除限度額 (14)又は(15)	16	750,000	
継続雇用者給与等支給増加額 (4)−(5) (マイナスの場合は0)	6	3,000,000		調整前法人税額 (別表一(一)「2」、別表一(二)「2」、別表一(三)「2」又は別表一(三)若しくは「13」)	17	4,000,000	
継続雇用者給与等支給増加割合 (6)/(5) ((5)=0の場合は0)	7	0.034		当期税額基準額 (17)×20/100	18	800,000	
教育訓練費の額	8	5,600,000		当期税額控除可能額 (16)と(18)のうち少ない金額	19	750,000	
中小企業比較教育訓練費の額 (35)	9	5,000,000		調整前法人税額超過構成額 (別表六(二十八)「7の㉓」)	20	0	
教育訓練費増加額 (8)−(9) (マイナスの場合は0)	10	600,000		法人税額の特別控除額 (19)−(20)	21	750,000	
教育訓練費増加割合 (10)/(9) ((9)=0の場合は0)	11	0.12					

比較雇用者給与等支給額の計算

前事業年度又は前連結事業年度	国内雇用者に対する給与等の支給額	適用年度の月数 (22)の前事業年度又は前連結事業年度の月数	比較雇用者給与等支給額 (23)×(24)
22	23	24	25
令和元 ・ 4 ・ 1 〜 令和2 ・ 3 ・ 31	90,000,000 円	12/12	90,000,000 円

継続雇用者給与等支給額及び継続雇用者比較給与等支給額の計算

		継続雇用者給与等支給額の計算 適用年度 ①	継続雇用者比較給与等支給額の計算 前事業年度等 ②	前一年事業年度等特定期間 ③
事業年度等又は連結事業年度等	26		元 ・ 4 ・ 1 〜 2 ・ 3 ・ 31	・ ・ 〜 ・ ・
雇用者給与等支給額	27	(1) 93,000,000	(23) 90,000,000 円	円
同上のうち継続雇用者に係る金額	28	89,000,000	86,000,000	
適用年度の月数 (26の③)の月数	29			
継続雇用者給与等支給額及び継続雇用者比較給与等支給額 (28)又は(28)×(29)	30	89,000,000	86,000,000 円	円

中小企業比較教育訓練費の額の計算

事業年度又は連結事業年度	教育訓練費の額	適用年度の月数 (31)の事業年度又は連結事業年度の月数	改定教育訓練費の額 (32)×(33)
31	32	33	34
令和元 ・ 4 ・ 1 〜 令和2 ・ 3 ・ 31	5,000,000 円	12/12	5,000,000 円
調整対象年度 ・ ・ 〜 ・ ・			
計			5,000,000
中小企業比較教育訓練費の額 (34の計)÷(調整対象年度数)		35	5,000,000

御注意　資本金の額又は出資金の額が一億円以下の法人でその発行済株式又は出資の総数又は総額の一定割合以上を大規模法人に所有されているものについては、この制度の適用がありませんので御注意ください（裏面の「中小企業者の判定」欄に記載して判定してください。）。

法 0301−0624

169

第2部
所得税編

1

所得拡大促進税制（令和3年までの年分）

I 所得拡大促進税制の概要（令和元年から令和3年までの各年分）

　青色申告書を提出する個人が，令和元年から令和3年までの各年において，国内雇用者に対して給与等を支給し，所定の要件を満たした場合に，所定の税額控除ができる制度です。

(1) 青色申告書を提出する個人（措法10の5の4①）

【要件①】

　雇用者給与等支給額が比較雇用者給与等支給額を超えること

　　雇用者給与等支給額　＞　比較雇用者給与等支給額

【要件②】

　継続雇用者給与等支給額から継続雇用者比較給与等支給額を控除した金額の継続雇用者比較給与等支給額に対する割合が3％以上であること

$$\frac{継続雇用者給与等支給額 － 継続雇用者比較給与等支給額}{継続雇用者比較給与等支給額} \geqq 3\%$$

> ＊　継続雇用者比較給与等支給額が零である場合には，この要件は満たさないものとされます（措令5の6の3の2⑱一）。

【要件③】

　個人の国内設備投資額が償却費総額の95％に相当する金額以上であること

　　国内設備投資額　≧　償却費総額の95％相当額

【税額控除の金額（税額控除限度額）】

　雇用者給与等支給額から比較雇用者給与等支給額を控除した金額の15％相当額の税額控除ができます。

【税額控除の金額が，雇用者給与等支給額から比較雇用者給与等支給額を控除した金額の20％となる場合】

　適用年分の事業所得の金額の計算上必要経費の額に算入される教育訓練費の

175

額（その教育訓練費に充てるため他の者（当該個人が非居住者である場合の所得税法 161 条 1 項 1 号（国内源泉所得）に規定する事業場等を含む。）から支払を受ける金額がある場合には，当該金額を控除した金額。）からその比較教育訓練費の額を控除した金額の比較教育訓練費の額に対する割合が 20 ％以上である場合には，税額控除の金額は，雇用者給与等支給額から比較雇用者給与等支給額を控除した金額の 20 ％となります。

$$\frac{教育訓練費 - 比較教育訓練費}{比較教育訓練費} \geqq 20\%$$

> ＊　比較教育訓練費の額が零である場合には，次のとおり扱われます。
> ①　適用年分に係る教育訓練費の額が零である場合（措令 5 の 6 の 3 の 2 ⑲一）
> 　この要件は満たさないものとされます。
> ②　①以外の場合（措令 5 の 6 の 3 の 2 ⑲二）
> 　この要件は満たすものとされます。

【措置法 10 条の 5 の規定の適用を受ける場合】

　措置法 10 条の 5（地方活力向上地域等において雇用者の数が増加した場合の所得税額の特別控除）の規定の適用を受ける場合には，15 ％あるいは 20 ％を乗ずる「雇用者給与等支給額から比較雇用者給与等支給額を控除した金額」は，「雇用者給与等支給額から比較雇用者給与等支給額を控除した金額から，更に，措置法 10 条の 5 の規定による控除を受ける金額の計算の基礎となった者に対する給与等の支給額として政令（措令 5 の 6 の 3 の 2 ②）で定めるところにより計算した金額を控除した残額」となります。

【税額控除の金額の限度額】

　税額控除限度額が，調整前事業所得税額（措法 10 ⑦四）の 20 ％に相当する金額を超えるときは，その控除を受ける金額は，当該 20 ％に相当する金額となります。

(2)　中小事業者の場合（(1)と選択適用）（措法10の5の4②）

【要件①】

　雇用者給与等支給額が比較雇用者給与等支給額を超えること

　　雇用者給与等支給額　＞　比較雇用者給与等支給額

【要件②】

　継続雇用者給与等支給額から継続雇用者比較給与等支給額を控除した金額の継続雇用者比較給与等支給額に対する割合が1.5％以上であること

$$\frac{継続雇用者給与等支給額－継続雇用者比較給与等支給額}{継続雇用者比較給与等支給額} \geqq 1.5\%$$

　　＊　継続雇用者比較給与等支給額が零である場合には，この要件は満たさ
　　　ないものとされます（措令5の6の3の2⑱二）。

【税額控除の金額（中小事業者税額控除限度額）】

　雇用者給与等支給額から比較雇用者給与等支給額を控除した金額の15％相当額を調整前事業所得税額から控除します。

【税額控除の金額が，雇用者給与等支給額から比較雇用者給与等支給額を控除した金額の25％となる場合】

　次の要件を満たす場合には，税額控除の金額は，雇用者給与等支給額から比較雇用者給与等支給額を控除した金額の25％となります。

ア　継続雇用者給与等支給額から継続雇用者比較給与等支給額を控除した金額
　　の継続雇用者比較給与等支給額に対する割合が2.5％以上であること（措法
　　10の5の4②一）

$$\frac{継続雇用者給与等支給額－継続雇用者比較給与等支給額}{継続雇用者比較給与等支給額} \geqq 2.5\%$$

　　＊　継続雇用者比較給与等支給額が零である場合には，この要件は満たさ
　　　ないものとさます（措令5の6の3の2⑱一）。

イ　次の要件のいずれかを満たすこと

A　適用年分の事業所得の金額の計算上必要経費の額に算入される教育訓練費の額から中小企業比較教育訓練費の額を控除した金額の中小企業比較教育訓練費の額に対する割合が 10 ％以上であること（措法 10 の 5 の 4 ②二イ）

$$\frac{教育訓練費−中小企業比較教育訓練費}{中小企業比較教育訓練費} \geqq 10 ％$$

> ＊　中小企業比較教育訓練費の額が零である場合には次のとおり扱われます（措令 5 の 6 の 3 の 2 ⑳，⑲）。
> ①　適用事業年度に係る教育訓練費の額が零である場合
> この要件は満たさないものとされます。
> ②　①以外の場合
> この要件は満たすものとされます。

B　当該中小事業者がその年の 12 月 31 日において中小企業等経営強化法 19 条 1 項の認定を受けたものであり，当該認定に係る同項に規定する経営力向上計画（同法 20 条 1 項の規定による変更の認定があったときは，その変更後のもの）に記載された同法 2 条 12 項に規定する経営力向上が確実に行われたことにつき財務省令で定めるところにより証明がされたものであること（措法 10 の 5 の 4 ②二ロ）

> ＊　措置法施行規則 5 条の 12 第 1 項
> 　措置法 10 条の 5 の 4 第 2 項 2 号ロに規定する財務省令で定めるところにより証明されたものは，同項に規定する中小事業者が受けた中小企業等経営強化法 19 条 1 項の認定（同法 20 条 1 項の規定による変更の認定を含む。）に係る経営力向上計画（同法 19 条 1 項に規定する経営力向上計画をいう。）の写し及び当該経営力向上計画に係る認定書の写し並びに当該経営力向上計画（同法 20 条 1 項の規定による変更の認定があったときは，その変更後のもの。）に従って行われる同法 2 条 12 項に規定する経営力向上に係る事業の実施状況につき経済産業大臣に報告した内容が確認できる書類（当該経営力向上が行われたことが当該経営力向上計画に記載された指標（経済

産業大臣が認めるものに限る。）の値により確認できるものに限る。）を確定申告書に添付することにより証明がされた当該中小事業者とする。

＊　この要件は，適用年終了の日までに経営力向上計画の認定を受けており，当該計画が適用年終了の日までに始まるものでなければなりません。

適用年の全期間が経営力向上計画に記載された「実施時期」に含まれている必要はありませんが，少なくとも「実施時期」の始期は適用年の終了月以前である必要はあります。

【措置法10条の5の規定の適用を受ける場合】

措置法10条の5の規定（地方活力向上地域等において雇用者の数が増加した場合の所得税額の特別控除）の適用を受ける場合には，15％あるいは25％を乗ずる「雇用者給与等支給額から比較雇用者給与等支給額を控除した金額」は，「雇用者給与等支給額から比較雇用者給与等支給額を控除した金額から，更に，措置法10条の5の規定による控除を受ける金額の計算の基礎となった者に対する給与等の支給額として政令（措令5の6の3の2④）で定めるところにより計算した金額を控除した残額」となります。

【税額控除の金額の限度額】

中小事業者税額控除限度額が，調整前事業所得税額の20％に相当する金額を超えるときは，その控除を受ける金額は，当該20％に相当する金額となります。

Ⅱ 設例

① 納税者は，平成 20 年から事業所得があり，青色申告をしている個人事業者である。

② 従業員の中に次の者はいない。

　ア　納税者の親族

　イ　納税者と婚姻の届出をしていないが事実上婚姻関係と同様の事情にある者

　　ウ　アとイに掲げる者以外の者で，当該個人から受ける金銭その他の資産（ただし，所得税法 28 条 1 項に規定する給与所得に該当しないもの）によって生計の支援を受けているもの

　　エ　イとウに掲げる者と生計を一にするこれらの者の親族

③ この納税者の事業所は，すべて日本国内にある。

④ 従業員は，A，B，C，D がいる。

　　従業員の状況は開業以来適用年度末に至るまで変わっていない。

⑤ 平成 30 年の A，B，C，D の給与等の金額は次のとおりである。

　　A　300 万円

　　B　400 万円

　　C　500 万円

　　D　600 万円

⑥ 平成 31 年（適用年分）の A，B，C，D の給与等の金額は次のとおりである。

　　A　305 万円

　　B　410 万円

　　C　515 万円

D　620万円

⑦　A，B，C，Dは開業以来，適用年度末まで雇用保険法に規定する一般被保険者であり，「高年齢者等の雇用の安定等に関する法律」に規定する継続雇用制度に基づき雇用される者には該当しない。

⑧　教育訓練費の額は100万円，中小企業比較教育訓練費の額は90万円である。

⑨　この納税者は平成31年末まで事業を営んでおり，平成31年分の総所得金額に係る所得税額は50万円，事業所得の金額は300万円，不動産所得の金額は200万円である。

(1)　雇用者給与等支給額

　雇用者給与等支給額（後記Ⅲの2）とは適用年の国内雇用者に対して支給する給与等の額をいいます。

　国内雇用者（後記Ⅲの1）とは，個人の使用人のうち当該個人の有する国内の事業所に勤務する雇用者をいいます。

　A，B，C，Dは当該個人の使用人で，当該個人の国内の事業所に勤務していますから国内雇用者になります。

　雇用者給与等支給額は，平成31年のA，B，C，Dの給与等の金額の合計額になります。

　　305万円＋410万円＋515万円＋620万円＝1,850万円

(2)　比較雇用者給与等支給額

　比較雇用者給与等支給額（後記Ⅲの3）とは，適用年の前年の国内雇用者に対する給与等の支給額をいいます。

　適用年は平成31年ですので，その前年である平成30年の国内雇用者に対する給与等の支給額が比較雇用者給与等支給額ということになります。

　したがって，比較雇用者給与等支給額は平成30年のA，B，C，Dの給与等の金額の合計額になります。

181

300 万円＋400 万円＋500 万円＋600 万円＝1,800 万円

(3)　継続雇用者給与等支給額

「継続雇用者給与等支給額」とは，継続雇用者に対する適用年の給与等の支給額として政令で定める金額をいいます。

「継続雇用者」とは，適用年及び前年において事業を営んでいた期間内の各月分の当該個人の給与等の支給を受けた国内雇用者（雇用保険法 60 条の 2 第 1 項 1 号に規定する一般被保険者に限るものとし，高年齢者等の雇用の安定等に関する法律 9 条 1 項 2 号に規定する継続雇用制度の対象である者として財務省令で定める者を除く。）をいいます。

そして，継続雇用者給与等支給額とは，雇用者給与等支給額のうち継続雇用者に係る金額をいいます

A，B，C，D は，開業以来，適用年度末まで雇用保険法に規定する一般被保険者であり，「高年齢者等の雇用の安定等に関する法律」に規定する継続雇用制度に基づき雇用される者には該当せず，適用年及び前年の各月において当該個人の給与等の支給を受けた国内雇用者に該当するので，いずれも「継続雇用者」に該当することになります。

適用年である平成 31 年の A の給与等の金額は 305 万円，B の給与等の金額は 410 万円，C の給与等の金額は 515 万円，D の給与等の金額は 620 万円なので継続雇用者給与等支給額の金額はこれらの金額の合計額 1,850 万円ということになります。

305 万円＋410 万円＋515 万円＋620 万円＝1,850 万円

(4)　継続雇用者比較給与等支給額

「継続雇用者比較給与等支給額」とは，継続雇用者に対する前年の給与等の支給額として政令で定める金額をいいます。

前年は平成 30 年なので，平成 30 年の A の給与等の金額 300 万円，B の給与等の金額 400 万円，C の給与等の金額 500 万円，D の給与等の金額 600

万円の合計額 1,800 万円が継続雇用者比較給与等支給額になります。

300 万円＋400 万円＋500 万円＋600 万円＝1,800 万円

(5) 【要件1】の確認

【要件1】は措置法 10 条の 5 の 4 の 1 項の場合も 2 項の場合も雇用者給与等支給額が比較雇用者給与等支給額を超えていることです。

雇用者給与等支給額は 1,850 万円（(1)），比較雇用者給与等支給は 1,800 万円（(2)）であり，雇用者給与等支給額が比較雇用者給与等支給額を超えていますので，措置法 10 条の 5 の 4 の 1 項の場合も 2 項の場合も【要件1】は充足していることになります。

1,850 万円＞1,800 万円

(6) 【要件2】の確認

【要件2】は，継続雇用者給与等支給額から継続雇用者比較給与等支給額を控除した金額の継続雇用者比較給与等支給額に対する割合です。

措置法 10 条の 5 の 4 第 1 項を適用する場合は 3 ％以上であること，同条 2 項を適用する場合は 1.5 ％以上であることが要件です。

継続雇用者給与等支給額は 1,850 万円（上記（3）），継続雇用者比較給与等支給額は 1,800 万円（上記（4））です。

したがって，継続雇用者給与等支給額から継続雇用者比較給与等支給額を控除した金額の継続雇用者比較給与等支給額に対する割合は，2.77 ％になります。

（1,850 万円－1,800 万円）÷1,800 万円＝　0.0277

3 ％以上にはなりませんが，1.5 ％以上になっているので，措置法 10 条の 5 の 4 第 1 項の適用要件は満たしませんが，措置法 10 条の 5 の 4 第 2 項の適用要件は満たすことになります。

(7) 措置法 10 条の 5 の 4 第 2 項を適用する場合において，税額控除の金額が，雇用者給与等支給額から比較雇用者給与等支給額を控除した金額の 25 ％となる要件

措置法 10 条の 5 の 4 第 2 項を適用する場合において，税額控除の金額が，雇用者給与等支給額から比較雇用者給与等支給額を控除した金額の 25 ％となる要件の第一は，継続雇用者給与等支給額から継続雇用者比較給与等支給額を控除した金額の継続雇用者比較給与等支給額に対する割合が 2.5 ％以上であることです。

継続雇用者給与等支給額から継続雇用者比較給与等支給額を控除した金額の継続雇用者比較給与等支給額に対する割合は，2.77 ％ですからこの要件は満たしていることになります。

2.77 ％ ＞ 2.5 ％

措置法 10 条の 5 の 4 第 2 項を適用する場合において，税額控除の金額が，雇用者給与等支給額から比較雇用者給与等支給額を控除した金額の 25 ％となる要件の第二には，教育訓練費の額から中小企業比較教育訓練費の額を控除した金額の中小企業比較教育訓練費の額に対する割合が 10 ％以上であることがあります。

教育訓練費の金額は 100 万円，中小企業比較教育訓練費の金額は 90 万円なので，教育訓練費の額から中小企業比較教育訓練費の額を控除した金額の中小企業比較教育訓練費の額に対する割合は 11.1 ％となり，この要件も満たしていることになります。

（100 万円－90 万円）÷90 万円＝0.111

11.1 ％ ＞ 10 ％

(8) 税額控除の可否

措置法 10 条の 5 の 4 第 1 項の適用要件は満たしませんが，同条 2 項の適用要件を満たしています。

そして，その場合に税額控除の金額が雇用者給与等支給額から比較雇用者給

与等支給額を控除した金額の 25 ％となる要件も満たしています。

(9) 税額控除の額

調整前事業所得税額は，50 万円×300 万円÷（300 万円＋200 万円）＝30 万円です。

雇用者給与等支給額 1,850 万円から比較雇用者給与等支給額 1,800 万円を控除した金額 50 万円の 25 ％相当額は 12.5 万円です。

調整前事業所得税額 30 万円の 20 ％は 6 万円なので税額控除の金額は 6 万円になります。

Ⅲ 各用語の意味

1 国内雇用者（措法 10 の 5 の 4 ③一）

　国内雇用者とは，個人の使用人のうち個人の有する国内の事業所に勤務する雇用者（当該個人の国内に所在する事業所につき作成された労働基準法 108 条に規定する賃金台帳に記載された者）をいい，雇用保険制度における一般被保険者でない者も含まれます。

　ただし，当該個人と特殊の関係のある次に掲げる者は，使用人から除かれています。

① 　当該個人の親族

② 　当該個人と婚姻の届出をしていないが事実上婚姻関係と同様の事情にある者

③ 　上記①，②以外の者で当該個人から受ける金銭その他の資産（ただし，所得税法 28 条 1 項に規定する給与所得に該当しないもの）によって生計の支援を受けているもの

④ 　上記②，③の者と生計を一にするこれらの者の親族

　＊ 　国内雇用者の要件は「使用人のうち国内に所在する事業所につき作成された賃金台帳に記載された者」であることです。そのため，海外に長期出張していた場合でも，国内の事業所で作成された賃金台帳に記載され，給与所得となる給与等の支給を受けている場合には，海外で勤務していても国内雇用者に該当します。

　＊ 　賃金台帳
　　 労働基準法 108 条は，使用者は，各事業場ごとに賃金台帳を調製し，賃金計算の基礎となる事項及び賃金の額その他厚生労働省令で定める事項を賃金支払の都度遅滞なく記入しなければならない，と規定しています。

186

労働基準法施行規則54条は，賃金台帳に記載すべき事項として次の事項を規定しています。

- 賃金の計算の基礎となる事項
- 賃金の額
- 氏名
- 性別
- 賃金計算期間
- 労働日数
- 労働時間数
- 延長時間（残業時間）数，休日労働時間数及び深夜労働時間数
- 基本給，手当その他賃金の種類毎にその額
- 賃金の一部を控除した場合には，その額

図表Ⅲ-1

* 雇用保険制度における被保険者
雇用保険制度における被保険者の種類は次のとおりです。

① 一般被保険者（65歳未満の常用労働者）

② 高年齢被保険者（65歳以上で雇用される者等）

③ 短期雇用特例被保険者（季節的に雇用される者）

④ 日雇労働被保険者（日々雇用される者，30日以内の期間を定めて雇用される者）

* 親族

民法725条

次に掲げる者は，親族とする。

1号　　6親等内の血族

2号　　配偶者

3号　　3親等内の姻族

民法726条

1項　親等は，親族間の世代数を数えて，これを定める。

2項　傍系親族の親等を定めるには，その1人又はその配偶者から同一の祖先にさかのぼり，その祖先から他の1人に下るまでの世代数による。

* 生計を一にする親族

所得税基本通達2-47

法に規定する「生計を一にする」とは，必ずしも同一の家屋に起居していることをいうものではないから，次のような場合には，それぞれ次による。

（1）　勤務，修学，療養等の都合上他の親族と日常の起居を共にしていない親族がいる場合であっても，次に掲げる場合に該当するときは，これらの親族は生計を一にするものとする。

イ　当該他の親族と日常の起居を共にしていない親族が，勤務，修学等の余暇には当該他の親族のもとで起居を共にすることを常例としている場合

ロ　これらの親族間において，常に生活費，学資金，療養費等の送金が行われている場合

（2）　親族が同一の家屋に起居している場合には，明らかに互いに独立した生活を営んでいると認められる場合を除き，これらの親族は生計を一にするものとする。

2 雇用者給与等支給額（措法10の5の4③三）

「雇用者給与等支給額」とは，この制度の適用を受けようとする年分の事業所得の金額の計算上必要経費に算入される国内雇用者に対する給与等（所得税法28条1項に規定する給与等）の支給額をいいます（措法10の5の4③三）。ただし，上記1に記載したとおり，親族に対して支給する給与等は除かれます。

また，その給与等に充てるため他の者（当該個人が非居住者である場合の所得税法161条1項1号に規定する事業場等を含む。）から支払を受ける金額がある場合には，その金額を控除する必要があります。

* 給与等とは，所得税法28条1項に規定する給与等をいいますが，賃金台帳に記載された支給額（所得税法上課税されない通勤手当等の額を含む。）のみを対象として計算する等，合理的な方法により継続的に国内雇用者に対する給与等の支給額を計算している場合には，その計算が認められます（措通10の5の4-2）。

* 原価計算における労務費にあたる賃金等については，原則的には，期首棚卸と期末棚卸とに含まれる賃金等を加減算することになりますが，煩雑さを避けるため，その賃金等の支給額の確定を基準に計算したものを給与等の支給額とする等，一定の合理性が認められる方法によって，個人が継続的にこの制度における「必要経費に算入される給与等の支給額」を算出することも許容されるものと考えられます（措通10の5の4-5）。

* 旧措置法通達10の5の4-3は次の掲げる金額は，「その給与等に充てるため他の者から支払を受ける金額」に含まれると定めています。

  ① 雇用保険法施行規則110条に規定する特定就職困難者コース助成金，労働施策の総合的な推進並びに労働者の雇用の安定及び職業生活の充実等に関する法律施行規則6条の2に規定する特定求職者雇用開発助成金など，労働者の雇入れ人数に応じて国等から支給を受けた助成金の額

  ② 使用人が他の法人等に出向した場合において，その出向した使用人（出向者）に対する給与を出向元個人が支給することとしているときに，出向元個人が出向先法人（出向者の出向を受けている法人）から支払を受けた出向先法人等の負担すべき給与に相当する金額

＊　使用人が，他の法人等に出向した場合において，その出向した使用人に
対する給与を出向元個人（出向者を出向させている個人）が支給する際，出
向元個人が出向先法人等（出向元個人から出向者の出向を受けている法人
等）から支払を受けた出向先法人等の負担すべき給与に相当する金額（出
向者負担金等）は雇用者給与等支給額から控除します。

＊　出向先法人等が出向元個人へ出向者に係る給与負担金の額を支出する場
合において，当該出向先法人等の賃金台帳に当該出向者を記載していると
きには，出向先法人等が支給する当該給与負担金の額は，雇用者給与等支
給額に含まれます。（逆に，出向先法人等の賃金台帳に記載がない場合は，
当該給与負担金の額は出向先法人等の雇用者給与等支給額に含まれません。）

＊　未払給与は，計上時に必要経費算入されるものなので，その計上時，す
なわち必要経費算入時の年分の「雇用者給与等支給額」に含まれます。こ
れに対して前払給与は，計上時には必要経費算入されず，その後に必要経
費算入される年分の「雇用者給与等支給額」に含まれることになります。

3　比較雇用者給与等支給額（措法 10 の 5 の 4 ③四）

　比較雇用者給与等支給額とは，前年分の事業所得の金額の計算上必要経費の
額に算入される国内雇用者に対する給与等の支給額をいいます。

　給与等に充てるため他の者（当該個人が非居住者である場合の所得税法 161
条 1 項 1 号に規定する事業場等を含む。）から支払を受ける金額がある場合には，
その金額を控除する必要があるのは，雇用者給与等支給額の場合と同じです。

　前年において事業を営んでいた期間の月数と適用年において事業を営んでい
た期間の月数とが異なる場合には，その月数に応じ政令（措令 5 の 6 の 3 の
2 ⑦）で定めるところにより計算した金額となります。

　＊　1 月に満たない端数を生じたときは 1 月とします（措法 10 の 5 の 4 ④）。

4　継続雇用者給与等支給額（措法 10 の 5 の 4 ③五）

　「継続雇用者給与等支給額」とは，継続雇用者に対する適用年の給与等の支

給額として政令で定める金額をいいます。

「継続雇用者」とは，適用年及び前年の各月において当該個人の給与等の支給を受けた国内雇用者として政令で定めるものをいいます。

＊　継続雇用者とは

継続雇用者とは，個人の国内雇用者（雇用保険法60条の2第1項1号に規定する一般被保険者に限るものとし，高年齢者等の雇用の安定等に関する法律9条1項2号に規定する継続雇用制度の対象である者として財務省令で定める者を除く。）のうち，当該個人の国内雇用者として適用年及びその前年において事業を営んでいた期間内の各月分の当該個人の給与等の支給を受けたものをいいます（措令5の6の3の2⑩）。

・　「各月分の給与等の支給を受けた者」なので，例えば，給与等の支給日が月末で，曜日の関係でその実際の支払が翌月になる場合でも，各月分の給与等の支給を受けた者に該当することになります。

また，支給月が支給対象月の翌月となっている場合には，支給対象月が適用事業年度とその前事業年度のすべての月分であるかどうかによって判断することになります。

・　前年又は適用年のすべて又は一部において産休・育休等により休職しており，その間給与等の支給がない月があった者は継続雇用者にはなりませんが，「産休・育休手当」等は給与等に含まれると解されます。

（注）　措置法施行規則5条の12第2項

措置法施行令5条の6の4第10項に規定する財務省令で定める者は，当該個人の就業規則において同項に規定する継続雇用制度を導入している旨の記載があり，かつ，次に掲げる書類のいずれかに当該継続雇用制度に基づき雇用されている者である旨の記載がある場合の当該者とされます。

1号　雇用契約書その他これに類する雇用関係を証する書類

2号　措置法施行令5条の6の4第6項に規定する賃金台帳

【参考】旧措置法と改正措置法における「継続雇用者」，「継続雇用者給与等支給額」の意味の違い

（1）　旧措置法では「継続雇用者」は，「適用年及び前年において給与

等の支給を受けた国内雇用者」をいうものとされていました（旧措法10の5の4②八）。

　これに対して，改正措置法では「継続雇用者」は，「個人の国内雇用者として適用年及び前年の各月分の当該個人の給与等の支給を受けた者」をいうものとされました（改正措法10の5の4③五）。

　その結果，「前年に中途採用した者」や「当年に退職した者」は旧措置法では「継続雇用者」に該当したが，改正措置法では「継続雇用者」に該当しないことになりました。

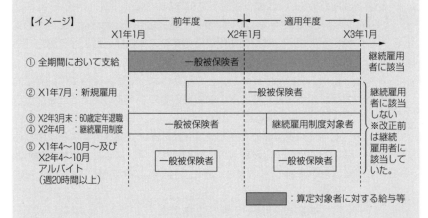

(2)　旧措置法では，適用年及び前年において給与等の支給を受けた国内雇用者を「継続雇用者」と定義し（旧措法10の5の4②八），雇用者給与等支給額のうちの継続雇用者に係る金額のうち，雇用保険法60条の2第1項1号に規定する一般被保険者に該当する者に対して支払ったものから，高年齢者等の雇用の安定等に関する法律9条1項2号に規定する継続雇用制度の対象である者として財務省令で定める者に対して支給したものを除いたものを「継続雇用者給与等支給額」としていました。

　改正措置法では，国内雇用者のうちの雇用保険法60条の2第1項1号に規定する一般被保険者に該当する者から高年齢者等の雇用

の安定等に関する法律9条1項2号に規定する継続雇用制度の対象である者として財務省令で定める者を除いた者で，適用年及びその前年において事業を営んでいた期間内の各月分の給与等の支給を受けたものを「継続雇用者」と定義し，継続雇用者に対する適用年の給与等の支給額として政令（改正措令5の6の4⑪）で定める金額を「継続雇用者給与等支給額」ということとなりました（改正措法10の5の4③五）。

* 継続雇用者給与等支給額とは
 継続雇用者給与等支給額とは，雇用者給与等支給額のうち継続雇用者に係る金額をいいます（措令5の6の3の2⑪）。

5 継続雇用者比較給与等支給額（措法10の5の4③六）

「継続雇用者比較給与等支給額」とは，継続雇用者に対する前年の給与等の支給額として政令で定める金額をいいます。

具体的には，前年の給与等支給額のうち継続雇用者に係る金額をいい，当該個人が前年において事業を開始した場合には，前年の給与等支給額のうち継続雇用者に係る金額に12を乗じてこれを前年において事業を営んでいた期間の月数で除した金額になります（措令5の6の3の2⑫）。

6 国内設備投資額（措法10の5の4③七）

「国内設備投資額」とは，適用年において「取得等」をした「国内資産」で適用年の12月31日において有するものの取得価額の合計額をいいます。

* 取得等
 取得等とは，取得又は製作若しくは建設をいい，相続，遺贈，贈与，交換，現物分配，代物弁済（措令5の6の3の2⑬）による取得は除かれています。

193

＊　国内資産

　　国内資産とは，国内にある適用対象者の事業の用に供する所得税法2条1項16号に規定する棚卸資産，有価証券及び同項20号に規定する繰延資産以外の資産のうち所得税法施行令6条各号に掲げるもの（時の経過によりその価値の減少しないものを除く。）とされています（措令5の6の3の2⑭）。

　　生産等設備に限定されないので，事業用の減価償却資産であれば，本店建物，事務用機器，自動車，福利厚生施設等であっても該当することになります。

　　「当該個人の事業の用に供する資産」とされ「当該個人の事業の用に供した資産」とされていないので，適用年の12月31日までに取得等していれば足り，その日において事業の用に供していないものでも国内資産に該当します。

　　いわゆる新品のもの，国内で生産されたものに限られませんが，建設仮勘定への支出は，建物等の資産として取得するまでは，国内資産には該当しません。

　　他者への貸付目的資産も国内資産になります。

　　また，国内にある当該個人の事業の用に供するものである必要がありますので，適用年の12月31日において国内事業の用に供する見込みが全くないものは，これに該当しません。

　　「国内にある当該個人の事業の用に供する」ものに該当するか否かについては，個別に判断されることになりますが，基本的には，次のように取り扱われるものと考えられています（旧措通10の5の4-6）。

①　事業の用に供する（使用する）場所が国内である資産は，国内資産に該当します。また，事業の用に供する場所が必ずしも明確でない無形固定資産であっても，国内向け事業の用に供するものは，国内資産に該当します。「国内向け事業」とは，一義的には，国内における資産の販売若しくは貸付け又は役務の提供です。

②　航空機や船舶など，事業の用に供する（使用する）場所が国内に限られない資産や国外向け事業の用にも供する（使用する）資産であっても，上記①にも該当する要素があれば，国内資産に該当します。

③　国外に据え置かれた有形資産や国外にある媒体に記録されたソフトウェアは，専ら国内向けの事業の用に供する場合であっても国内資産に該当しません。これは，この要件を設けた趣旨が，国内の設備投資の喚

起と事業用設備の国内回帰を促すことにもあるためです。

　　所得税法上，無形固定資産に該当するものの判定については，その登録等が国内であるか否かは，重要な要素ではないといえますが，国外の土地に付随する無形固定資産（例えば，地上権や租鉱権）は，上記③と同様に，国内資産に該当しないことになります。

　国内設備投資額は，適用対象者が適用年において取得等をした国内資産でその適用年の 12 月 31 日において有するものの取得価額の合計額なので，適用年に取得等をした国内資産であっても，その適用年中に譲渡等により移転したものは，この合計額の中には含まれないことになります。

* 適用年に取得等をした国内資産であれば足り，適用年中に事業の用に供している国内資産に限られません。また，適用年中に事業の用に供した国内資産であっても，適用年において取得等をしたものでなければ，国内設備投資額に含まれません。
* 上記のほか，国内設備投資額の計算においては，原則として次のように取り扱われます。
  ① 税務上取得価額に算入すべき金額を含めて計算します。
  ② 減価償却資産を新たに取得したものとされるいわゆる資本的支出の金額を含みます。
* 取得価額の判定は，資産について税抜経理を採用している場合には税抜きで，税込経理を採用している場合は税込みで判定します。
* 自己が製作した資産を対象とする場合，その資産の取得価額には，当該資産の製作等のために要した原材料費，労務費及び経費の額，及び当該資産を事業の用に供するために直接要した費用の額が含まれます。

7 償却費総額（措法 10 の 5 の 4 ③ハ）

　「償却費総額」とは，個人が有する減価償却資産につき適用年分の事業所得の計算上，その償却費として必要経費として算入した金額の合計額をいいます。

　「個人がその有する減価償却資産につき」とされているので，適用年に取得等したものに限られず，適用年中に譲渡したものを除く必要もなく，国内資産

に係るものに限定されることもありません。

　したがって，具体的な償却費総額は，適用対象となる個人が全世界において事業用資産として有する減価償却資産について計上した減価償却費の金額となります。

8　教育訓練費（措法10の5の4③九）

　「教育訓練費」とは，国内雇用者の職務に必要な技術又は知識を習得させ，又は向上させるために支出する費用で政令で定めるものをいいます。

　　＊　教育訓練等の対象者は「国内雇用者」なので，次の者に対する教育訓練のための費用は「教育訓練費」に該当しません。
　　　ア　当該個人の親族
　　　イ　当該個人と婚姻の届出をしていないが事実上婚姻関係と同様の事情にある者
　　　ウ　上記ア，イ以外の者で当該個人から受ける金銭その他の資産（ただし，所得税法28条1項に規定する給与所得に該当しないもの）によって生計の支援を受けているもの
　　　エ　上記イ，ウの者と生計を一にするこれらの者の親族
　　　オ　採用内定者等（国内雇用者にならないため）
　　＊　個人の所有する研修に利用する施設等の水道光熱費，維持管理費用，取得のための費用，減価償却費等は含まれません。
　　　また，テキスト等の教材費も含まれません。
　　＊　福利厚生目的など教育訓練以外の目的のものは含まれません。
　　＊　給与等の支給額の計算の際には，労働者の雇入れ人数に応じて国等から支給を受けた助成金の額を控除する必要がありますが，教育訓練費についても助成金等を控除する必要があります。

　措置法施行令5条の6の3の2第15項は，「教育訓練費」を次のとおり定めています。

①　個人がその国内雇用者に対して，教育，訓練，研修，講習その他これらに類するもの（教育訓練等）を自ら行う場合

196

イ　教育訓練等のために講師又は指導者（当該個人の使用人である者を除く。）に対して支払う報酬その他の財務省令で定める費用

*　措置法施行規則5条の12第3項
　措置法施行令5条の6の4第15項1号イに規定する財務省令で定める費用は，同号に規定する教育訓練等のために同号イに規定する講師又は指導者（講師等）に対して支払う報酬，料金，謝金その他これらに類するもの及び講師等の旅費（教育訓練等を行うために要するものに限る。）のうち当該個人が負担するもの並びに教育訓練等に関する計画又は内容の作成について当該教育訓練等に関する専門的知識を有する者（当該個人の使用人である者を除く。）に委託している場合の当該専門的知識を有する者に対して支払う委託費その他これに類するものとする。

*　教育訓練等は，大学等の教授等による座学研修や専門知識の伝授のほか，技術指導員等による技術・技能の現場指導を行う場合も対象となります。

*　教育訓練等を行う講師等は，当該個人の使用人である者は該当しませんが，当該個人の関連会社等のグループ企業の役員，使用人でもかまいません。

*　外部の専門家・技術者に対し，契約により，継続的に講義，指導等の実施を依頼する場合の費用も「教育訓練費」に該当します。

*　講師等に対して支払う報酬等は，講師等の個人に対して支払う報酬等に限られず，法人から講師等の派遣を受けその対価をその法人に支払った場合の費用も含まれます。

*　講師等に対し講義・指導等の対価として支払う報酬等に限らず，当該個人が負担する講師等の招聘に要する費用（交通費・旅費（宿泊費，食費等を含む。））も対象になります。

*　教育訓練を担当する部署（人事部，研修部等）に勤務する従業員に支払う給与等の人件費は教育訓練費には含まれません。

ロ　教育訓練等のために施設，設備その他の資産を賃借する費用その他これに類する財務省令で定める費用

*　措置法施行規則5条の12第4項
　措置法施行令5条の6の4第15項1号ロに規定する財務省令で定める費用は，コンテンツ（文字，図形，色彩，音声，動作若しくは映像又はこれらを組み合わせたもの。）の使用料（コンテンツの取得に要する費用

を除く。）とする。

  * 当該個人の関連会社等のグループ企業の所有する施設等を賃借する場合も対象になります。

  * 当該施設等が普段は生産等の企業活動に用いられている場合であっても，賃借して使用する個人が教育訓練等を行うために賃借する場合は対象になります。

  * 教育訓練等のために使用されている契約期間であれば，その実際の使用期間に制約されません。

  * 施設，設備，コンテンツ等とは具体的には次のようなものをいいます。
    ・ 施設の例：研修施設，会議室，実習室等
    ・ 設備の例：教育訓練用シュミレーター設備等
    ・ 器具・備品の例：OHP，プロジェクター，ホワイトボード，パソコン等
    ・ コンテンツの例・コンテンツ DVD，e-ラーニング内のコンテンツ

② 当該個人から委託を受けた他の者（当該個人が非居住者である場合の所得税法 161 条 1 項 1 号に規定する事業場等を含む。）が教育訓練等を行う場合

当該教育訓練等を行うために当該他の者に対して支払う費用

  * 教育機関や人材教育会社に委託する場合も含まれます。

  * 委託先が教育訓練を業としない会社であっても，実態として教育訓練を行うのであれば，委託費は教育訓練費に含まれます。

③ 個人がその国内雇用者を他の者（当該個人が非居住者である場合の所得税法 161 条 1 項 1 号に規定する事業場等を含む。）が行う教育訓練等に参加させる場合

当該他の者に対して支払う授業料その他の財務省令で定める費用

  * 措置法施行規則 5 条の 12 第 5 項
    措置法施行令 5 条の 6 の 4 第 15 項 3 号に規定する財務省令で定める費用は，授業料，受講料，受験手数料その他の同号の他の者が行う教育訓練等に対する対価として支払うものとする。

  * 研修講座等の一環で資格試験が行われる場合に負担する受験手数料も対

象とされているほか，研修講座等で使用する教科書代などの教材費が対価
に含まれている場合も，その全額が対象になるものと考えられます。

教育訓練等に関連する旅費，交通費，食費，宿泊費，住居費（研修の参
加に必要な交通費やホテル代，海外留学時の住居費等）は教育訓練費にな
りません。

また，教育訓練のための直接的な費用ではない大学等への寄附金や保険
料も対象とはなりません。

* 大学等への通学・留学費用であっても単に学士取得やキャリアアップ等
　を目的としているなど，使用人が個人として負担すべき費用（所得税法上
　給与所得に該当するもの）を事業主が肩代わり負担している場合の当該費
　用は，教育訓練費には含まれません。
* 組合がその組合員である個人の国内雇用者に対して教育訓練等を実施す
　る場合に徴収する賦課金は対象となりませんが，組合が主催する研修セミ
　ナー等に国内雇用者を参加させる場合の対価として支払われる費用は，対
　象になるものと考えられます。
* 教育訓練等に参加させる国内雇用者のその参加期間中の給与や参加に伴
　う報奨金については，教育訓練費には該当しません。
* 個人が直接又は間接に（国内雇用者を通じて）他の者に支払う費用をいい，
　当該国内雇用者が費用の一部を負担する場合には，その負担した金額を教
　育訓練費から控除することになります。

9 比較教育訓練費の額（措法10の5の4③十）

「比較教育訓練費の額」とは，適用年前2年以内の各年分の事業所得の金額
の計算上必要経費に算入される教育訓練費の額（当該各年のうちに事業を開始
した日の属する年がある場合には，その年については，その年の教育訓練費の
額に12を乗じてこれをその年において事業を営んでいた期間の月数で除して
計算した金額）の合計額を2で除して計算した金額をいいます。

適用対象者が適用年の前年において事業を開始した場合には，適用年の前年
分の事業所得の金額の計算上必要経費に算入される教育訓練費の額になります。

10 中小企業比較教育訓練費の額（措法 10 の 5 の 4 ③十一）

「中小企業比較教育訓練費の額」とは，中小事業者の適用年の前年分の事業所得の金額の計算上必要経費に算入される教育訓練費の額（当該中小事業者が適用年の前年において事業を開始した場合には，適用年の前年の教育訓練費の額に 12 を乗じてこれを適用年の前年において事業を営んでいた期間の月数で除して計算した金額になります）をいいます。

過去 2 年間ではなく，過去 1 年間の事業所得の金額の計算上必要経費に算入される教育訓練費の額を集計することになる点が比較教育訓練費の計算と異なります。

11 中小事業者

「中小事業者」とは，措置法 10 条 7 項 6 号に規定する中小事業者で青色申告書を提出するものをいいます。

具体的には，常時使用する従業員の数が 1,000 人以下の個人をいいます（措法 10 ⑦六，措令 5 の 3 ⑨）。

中小事業者に該当するかどうかは，その年の 12 月 31 日の現況によって判定することとされています（措通 10 の 5 の 4-1）。

Ⅳ 措置法10条の5（地方活力向上地域等において雇用者の数が増加した場合の所得税額の特別控除）の規定の適用を受ける場合の税額控除額の計算

　措置法10条の5の4第1項の規定する税額控除は雇用者給与等支給額から比較雇用者給与等支給額を控除した金額の15％あるいは20％が税額控除の金額となり，措置法10条の5の4第2項の規定する税額控除は雇用者給与等支給額から比較雇用者給与等支給額を控除した金額の15％あるいは25％が税額控除の金額となりますが，いずれの場合にも，措置法10条の5の規定の適用を受ける場合には，15％，20％，25％の割合を乗ずる「雇用者給与等支給額から比較雇用者給与等支給額を控除した金額」は，「雇用者給与等支給額から比較雇用者給与等支給額を控除した金額から，更に，措置法10条の5の規定による控除を受ける金額の計算の基礎となった者に対する給与等の支給額として政令（措令5の6の3の2②，④）で定めるところにより計算した金額を控除した残額」となります。

　ここでいう「政令で定めるところにより計算した金額」は，適用年に係る雇用者給与等支給額をその年の12月31日における雇用者の数で除して計算した金額に次の（1）及び（2）の数を合計した数を乗じて計算した金額の20％に相当する金額です。

　「（1）及び（2）の数を合計した数」が措置法10条の5第1項2号イに規定する地方事業所基準雇用者数を超える場合には，「（1）及び（2）の数を合計した数」は当該地方事業所基準雇用者数となります。

　　＊　雇用者
　　　　ここでいう「雇用者」とは，措置法10条の5第3項3号に規定する雇用者をいいますので，個人の使用人のうち一般被保険者に該当するものをいいます。そして，使用人からは，その個人と特殊の関係のある者を除くこととされています。

(1)　適用年において措置法10条の5第1項の規定の適用を受ける場合にお
けるその適用年の特定新規雇用者基礎数と当該適用年の地方事業所基準雇
用者数から当該適用年の新規雇用者総数を控除した数とを合計した数（措
令5の6の3の2②一）。

　　すなわち，適用年における措置法10条の5第1項の規定の適用による税
額控除限度額の計算の基礎となった雇用者の数です。

※　特定新規雇用者基礎数

　　特定新規雇用者基礎数とは，措置法10条の5第1項2号イに規定する
特定新規雇用者基礎数をいいます。

　　すなわち，適用年の地方事業所基準雇用者数（措法10の5③六）のうち適
用年の特定新規雇用者数（措法10の5③八）に達するまでの数をいいます。

　　措置法10条の5第1項の規定の適用を受ける際の税額控除の計算の基礎
となる無期・フルタイムの新規雇用者数です。

　　特定新規雇用者数とは，適用年の前々年の1月1日から適用年の12月
31日までの間に地方活力向上地域等特定業務施設整備計画について計画の
認定を受けた個人のその計画の認定に係る特定業務施設において適用年に新
たに雇用された特定雇用者（措法10の5③七）でその適用年の12月31
日においてその特定業務施設に勤務するものの数として証明がされた数です
（措法10の5③八）。

※　地方事業所基準雇用者数

　　地方事業所基準雇用者数とは，適用年の前々年の1月1日から適用年の
12月31日までの間に地方活力向上地域等特定業務施設整備計画について
計画の認定を受けた個人の当該計画の認定に係る特定業務施設（適用対象特
定業務施設）のみを当該個人の事業所とみなした場合における基準雇用者数
として政令で定めるところにより証明がされた数をいいます（措法10の5
③六）。

※　新規雇用者総数

　　新規雇用者総数とは，適用対象特定業務施設において適用年に新たに雇用

された雇用者で当該適用年の 12 月 31 日において当該適用対象特定業務施設に勤務するものの総数として政令で定めるところにより証明がされた数をいいます（措法 10 の 5 ③九）。

適用年の地方事業所基準雇用者数（地方事業所基準雇用者数が基準雇用者数を超える場合には基準雇用者数）のうち適用事業年度の特定新規雇用者数に達するまでの数

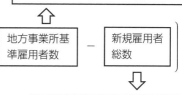

適用対象特定業務施設のみを当該個人の事業所とみなした場合における基準雇用者数として政令で定めるところにより証明がされた数

特定新規雇用者基礎数 ＋ （地方事業所基準雇用者数 － 新規雇用者総数）

適用対象特定業務施設において適用年に新たに雇用された雇用者で当該適用年の12月31日において当該適用対象特定業務施設に勤務するものの総数として政令で定めるところに証明がされた数

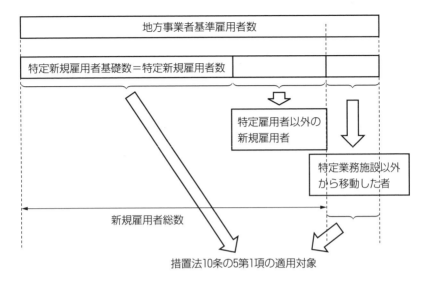

措置法10条の5第1項の適用対象

(2) 適用年において措置法10条の5第2項の規定の適用を受ける場合における当該適用年の同条第1項2号ロに規定する基準雇用者数として政令で定めるところにより証明がされた数から同項の規定の適用を受ける場合における当該適用年の次に掲げる数を合計した数を控除した数（措令5の6の3の2②二）。

　※　措置法10条の5第1項2号ロに規定する基準雇用者数
　　措置法10条の5第1項2号ロに規定する基準雇用者数というのは，移転型特定業務施設のみを当該個人の事業所とみなした場合における当該適用年の基準雇用者として政令で定めるところにより証明がされた数をいいます。
　　すなわち，移転型計画による特定業務施設において適用年に増加した雇用者の数です。

ア　特定新規雇用者基礎数のうち移転型特定新規雇用者数に達するまでの数
　＊　移転型特定新規雇用者数
　　移転型特定新規雇用者数とは，移転型特定業務施設において適用年に新たに雇用された特定雇用者で適用年の12月31日においてその移転型特定業務施設に勤務するものの数として証明がされた数をいいます（措法10の

5①ニイ)。

　すなわち，移転型計画による特定業務施設における無期・フルタイムの新規雇用者で適用年の12月31日に在籍するものの数です。

イ　地方事業所基準雇用者数から新規雇用者総数を控除した数のうち措置法10条の5第1項2号ロに規定する移転型非新規基準雇用者数に達するまでの数

　　※　移転型非新規基準雇用者数

　　　移転型非新規基準雇用者数とは，移転型特定業務施設のみを当該個人の事業所とみなした場合における当該適用年の基準雇用者数として政令で定めるところにより証明がされた数から移転型特定業務施設において当該適用年に新たに雇用された雇用者で当該適用年の12月31日において当該移転型特定業務施設に勤務するものの総数として政令で定めるところにより証明がされた数を控除した数をいいます。

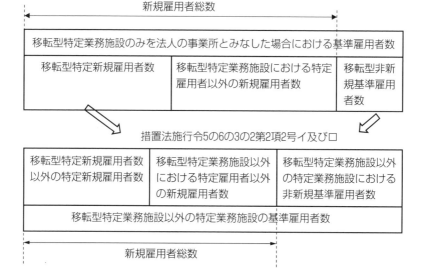

Ⅴ 事業承継があった場合

1 比較雇用者給与等支給額

　適用対象者が事業を相続（包括遺贈を含む。）により承継した場合の比較雇用者給与等支給額の計算は次のとおりとなります。

ア　適用対象者が適用年において事業を相続により承継した場合

　　適用対象者の調整対象年（適用年の前年）に係る給与等支給額については，適用対象者の調整対象年に係る給与等支給額に，適用対象者の調整対象年において事業を営んでいた月に係る被相続人（包括遺贈者を含みます。）の月別給与等支給額を合計した金額に適用対象者がその事業を承継した日から適用年の 12 月 31 日までの期間の月数を乗じてこれを 12 で除して計算した金額を加算することとされています（措令5の6の3の2⑧一）。

　　　＊　月別給与等支給額
　　　　「月別給与等支給額」とは，その被相続人の調整対象年の給与等支給額を調整対象年においてその被相続人が事業を営んでいた期間の月数で除して計算した金額をその調整対象年において適用対象者が事業を営んでいた月に係るものとみなしたものをいいます（措令5の6の3の2⑨）。

イ　適用対象者が適用年の前年において事業を相続により承継した場合

　　適用対象者の調整対象年に係る給与等支給額については，適用対象者の調整対象年に係る給与等支給額に適用対象者の調整対象年において事業を営んでいた月（その事業を承継した日の属する月以後の月を除きます。）に係る被相続人の月別給与等支給額を合計した金額を加算することとされています（措令5の6の3の2⑧二）。

2 比較教育訓練費

　適用対象者が事業を相続により承継した場合における比較教育訓練費の額の計算は，比較雇用者給与等支給額と同様に，調整を行うこととされています（措令5の6の3の2⑰）。

3 中小企業比較教育訓練費

　適用対象者が事業を相続により承継した場合における中小企業比較教育訓練費の額の計算は，比較教育訓練費の額の計算と同様に，調整を行うこととされています（措令5の6の3の2⑰）。

Ⅵ 手続的要件

1 他の税制措置との適用関係

以下の制度とは選択適用になります。

・ 復興産業集積区域において被災雇用者等を雇用した場合の所得税額の特別控除制度

・ 避難解除区域等において避難対象雇用者等を雇用した場合の所得税額の特別控除制度

・ 企業立地促進区域において避難対象雇用者等を雇用した場合の所得税額の特別控除制度

2 添付書類

ア　この制度の適用を受けるためには，確定申告書（この制度により控除を受ける金額を増加させる修正申告書又は更正請求書を提出する場合には，当該修正申告書又は更正請求書を含む。）に控除の対象となる雇用者給与等支給額から比較雇用者給与等支給額を控除した金額，控除を受ける金額及びその金額の計算に関する明細並びに継続雇用者給与等支給額及び継続雇用者比較給与等支給額を記載した書類の添付が要件とされています。

この場合において，控除される金額の計算の基礎となる当該控除した金額は，確定申告書に添付された書類に記載された雇用者給与等支給額から比較雇用者給与等支給額を控除した金額が限度となります（措法10の5の4⑤）。

イ　措置法10条の5の4第1項3号又は第2項2号イに掲げる要件を満

たすものとして同条1項又は2項の規定の適用を受ける場合には，これらの規定の適用を受ける年分の確定申告書に措置法施行令5条の6の3の2第15項各号に定める費用の明細を記載した書類として財務省令で定める書類を添付しなければならないこととされています（措令5の6の3の2⑯）。

措置法施行規則5条の12第6項は，措置法施行令5条の6の4第16項に規定する財務省令で定める書類は，措置法10条の5の4第1項又は2項の規定の適用を受けようとする年分の事業所得の金額の計算上必要経費に算入される同条1項3号に規定する教育訓練費の額及びその年における同条3項10号に規定する比較教育訓練費の額又は同項11号に規定する中小企業比較教育訓練費の額に関する次に掲げる事項を記載した書類（様式自由）とすると規定しています。

- 1号　措置法施行令5条の6の4第15項各号に定める費用に係る教育訓練等の実施時期
- 2号　当該教育訓練等の内容
- 3号　当該教育訓練等の対象となる措置法10条の5の4第3項1号に規定する国内雇用者の氏名
- 4号　その費用を支出した年月日，内容及び金額並びに相手先の氏名又は名称

　＊　1号，2号及び4号は，該当性の判定のために特定，突合ができる程度（例えば，実施時期であれば月まで等）で十分であると考えられます。
　　また，3号は，実際に教育訓練等に参加した国内雇用者あるいは参加予定者となります。

3　適用除外

事業を開始した年分及び事業を廃止した年分については，本制度は適用できません（措法10の5の4①，②）。

2

所得拡大促進税制（令和4年分から令和5年までの各年分）

Ⅰ　制度の概要

　青色申告書を提出する個人が，令和4年分から令和5年分までの各年におい
て，国内雇用者に対して給与等を支給し，所定の要件を満たした場合に，所定
の税額控除ができる制度です。

　この制度の適用を受けるために，確定申告前に行うべき手続はありませんが，
確定申告の際に，確定申告書に，税額控除の対象となる控除対象新規雇用者給
与等支給額又は控除対象雇用者給与等支給増加額，控除を受ける金額及びその
金額の計算に関する明細書を添付する必要があります。

> ※　措置法10条の5は，地方活力向上地域等において雇用者の数が増加した
> 場合の所得税額の特別控除を規定しています。
>
> 　同条5項は，同条1項及び2項の規定は，これらの規定の適用を受けよう
> とする年及びその前年において，これらの規定に規定する個人に離職者（当
> 該個人の雇用者及び高年齢雇用者であった者で，当該個人の都合によるもの
> として財務省令で定める理由によって離職（雇用保険法4条2項に規定する
> 離職をいう。）をしたものをいう。）がいないことにつき政令で定めるところ
> により証明がされた場合に限り，適用すると規定しています。
>
> 　本制度には，このような要件はないので，事業主都合による離職者がいる
> 年分であるからといって，本制度の適用ができなくなるものではありません。

(1)　青色申告書を提出する個人（措法10の5の4①）

【要件】

　新規雇用者給与等支給額からその新規雇用者比較給与等支給額を控除した金
額の当該比較新規雇用者比較給与等支給額に対する割合が2％以上であること

$$\frac{新規雇用者給与等支給額－新規雇用者比較給与等支給額}{新規雇用者比較給与等支給額} \geqq 2\%$$

> ※　措置法施行令5条の6の4第18項は，措置法10条の5の4第1項の規

定の適用を受けようとする個人のその適用を受けようとする年に係る同条3項5号に規定する新規雇用者比較給与等支給額が零である場合には、同条1項1号に掲げる要件を満たさないものとすると規定しています。

　　新規雇用者比較給与等支給額＝0　⇒　この要件は満たさないものとされる

（改正前）

1	雇用者給与等支給額が比較雇用者給与等支給額を超えること 　　雇用者給与等支給額　＞　比較雇用者給与等支給額
2	継続雇用者給与等支給額から継続雇用者比較給与等支給額を控除した金額の継続雇用者比較給与等支給額に対する割合が3％以上であること $\dfrac{継続雇用者給与等支給額－継続雇用者比較給与等支給額}{継続雇用者比較給与等支給額} \geq 3\%$
3	個人の国内設備投資額が償却費総額の95％に相当する金額以上であること 　　国内設備投資額　≧　当期償却費総額の95％相当額

（改正後）

新規雇用者給与等支給額から新規雇用者比較給与等支給額を控除した金額の新規雇用者比較給与等支給額に対する割合が2％以上であること

$$\dfrac{新規雇用者給与等支給額－新規雇用者比較給与等支給額}{新規雇用者比較給与等支給額} \geq 2\%$$

【税額控除の金額（税額控除限度額）】

　控除対象新規雇用者給与等支給額の15％相当額を、総所得金額に係る所得税額から控除します。

　税額控除は、その年分の所得税法92条2項（配当控除）に規定する課税総所得金額に係る所得税額から控除します。この場合において、当該所得税額から控除をすべき同条3項に規定する配当控除の額があるときは、まず配当控除の額を控除し、次に措置法10条の5の4第1項の規定による控除すべき金額を控除します（措令5の6の4①）。

【税額控除の金額が，控除対象新規雇用者給与等支給額の20％となる場合】

　当該個人のその年分の事業所得の金額の計算上必要経費に算入される教育訓練費の額（その教育訓練費に充てるため他の者（その個人が非居住者である場合の所得税法161条1項1号に規定する事業場等を含む。）から支払を受ける金額がある場合には，当該金額を控除した金額）からその比較教育訓練費を控除した金額の比較教育訓練費の額に対する割合が20％以上である場合には，税額控除の金額は，控除対象新規雇用者給与等支給額の20％となります。

　この要件について，事前に認定を受けたり，届出をする必要はありません。

$$\frac{\text{教育訓練費} - \text{比較教育訓練費}}{\text{比較教育訓練費}} \geq 20\%$$

　　税額控除の割合が20％となる要件は改正前と同じですが，「比較教育訓練費」の定義が変更になりました。

※　措置法施行令5条の6の4第20項は，措置法10条の5の4第1項又は2項の規定の適用を受けようとする個人のその年に係る同条3項7号に規定する比較教育訓練費の金額が零である場合における同条1項又は2項の規定の適用については，次の各号に掲げる場合の区分に応じ当該各号に定めるところによると規定しています。
1号　その年に係る措置法10条の5の4第1項2号に規定する教育訓練費が零である場合
　　　同号及び同条2項2号イに掲げる要件を満たさないものとする。
2号　前号に掲げる場合以外の場合
　　　措置法10条の5の4第1項2号及び2項2号イに掲げる要件を満たすものとする。

【措置法10条の5の規定の適用を受ける場合】

　措置法10条の5の規定（地方活力向上地域等において雇用者の数が増加した場合の所得税額の特別控除）の適用を受ける場合には，15％あるいは20％を乗ずる「控除対象新規雇用者給与等支給額」は，「控除対象新規雇用者給与等支給額から，措置法10条の5の規定による控除を受ける金額の計算の基礎となった者に対する給与等の支給額として政令（措令5の6の4②）で定めるところにより計算した金額を控除した残額」となります。

【税額控除の金額の限度額】

　税額控除限度額が，調整前事業所得税額の20％に相当する金額を超えるときは，その控除を受ける金額は，当該20％に相当する金額となります。

(2)　中小事業者の場合（(1)と選択適用）（措法10条の5の4②）

【要件】

　雇用者給与等支給額から比較雇用者給与等支給額を控除した金額の比較雇用者給与等支給額に対する割合が1.5％以上であること

$$\frac{雇用者給与等支給額 － 比較雇用者給与等支給額}{比較雇用者給与等支給額} \geq 1.5\%$$

　　＊　措置法施行令5条の6の4第19項は，措置法10条5の4第2項の規定の適用を受けようとする同項に規定する中小事業者のその適用を受けようとする年に係る同条3項10号に規定する比較雇用者給与等支給額が零である場合には，同条2項に規定する雇用者給与等支給額からその比較雇

用者給与等支給額を控除した金額の当該比較雇用者給与等支給額に対する割合が1.5％以上であるときに該当しないものとすると規定しています。

比較雇用者給与等支給額＝0 ⇨ この要件は満たさないものとされる

(改正前)

1	雇用者給与等支給額が比較雇用者給与等支給額を超えること 　　雇用者給与等支給額　＞　比較雇用者給与等支給額
2	継続雇用者給与等支給額から継続雇用者比較給与等支給額を控除した金額の継続雇用者比較給与等支給額に対する割合が1.5％以上であること $\dfrac{継続雇用者給与等支給額 － 継続雇用者比較給与等支給額}{継続雇用者比較給与等支給額} \geq 1.5\%$

(改正後)

雇用者給与等支給額から比較雇用者給与等支給額を控除した金額の比較雇用者給与等支給額に対する割合が1.5％以上であること

$\dfrac{雇用者給与等支給額 － 比較雇用者給与等支給額}{比較雇用者給与等支給額} \geq 1.5\%$

【税額控除の金額（中小事業者税額控除限度額）】

　控除対象雇用者給与等支給増加額の15％相当額を、総所得金額に係る所得税額から控除します。

　税額控除は、その年分の所得税法92条2項（配当控除）に規定する課税総所得金額に係る所得税額から控除します。この場合において、当該所得税額から控除をすべき同条3項に規定する配当控除の額があるときは、まず配当控除の額を控除し、次に措置法10条の5の4第2項の規定による控除すべき金額を控除します（措令5の6の4第3項）。

【税額控除の金額が、控除対象雇用者給与等支給増加額の25％となる場合】

　次の要件を満たす場合には、税額控除の金額は、控除対象雇用者給与等支給

増加額の 25 ％となります。

ア　雇用者給与等支給額から比較雇用者給与等支給額を控除した金額の当該
　　比較雇用者給与等支給額に対する割合が 2.5 ％以上であること

$$\frac{雇用者給与等支給額－比較雇用者給与等支給額}{比較雇用者給与等支給額} \geqq 2.5 ％$$

イ　次に掲げる要件のいずれかを満たすこと

　　A　当該中小事業者のその年分の事業所得の金額の計算上必要経費に算入
　　　される教育訓練費の額から比較教育訓練費の額を控除した金額の比較教
　　　育訓練費の額に対する割合が 10 ％以上であること（措法 10 の 5 の 4②
　　　二イ）。

　　　　この要件について，事前に認定を受けたり，届出をする必要はありま
　　　せん。

$$\frac{教育訓練費　－　比較教育訓練費}{比較教育訓練費} \geqq 10 ％$$

> ※　措置法施行令 5 条の 6 の 4 第 20 項は，措置法 10 条の 5 の 4 第 1 項又
> 　は 2 項の規定の適用を受けようとする個人のその年に係る同条 3 項 7 号
> 　に規定する比較教育訓練費の金額が零である場合における同条 1 項又は
> 　2 項の規定の適用については，次の各号に掲げる場合の区分に応じ当該
> 　各号に定めるところによると規定しています．
> 　1 号　その年に係る措置法 10 条の 5 の 4 第 1 項 2 号に規定する教育訓練
> 　　　費が零である場合
> 　　　　同号及び同条 2 項 2 号イに掲げる要件を満たさないものとする。
> 　2 号　前号に掲げる場合以外の場合
> 　　　　措置法 10 条の 5 の 4 第 1 項 2 号及び 2 項 2 号イに掲げる要件を満
> 　　　たすものとする。

```
┌─────────────────┐        ┌─────────────────────┐
│ 比較教育訓練費＝0 │ ─────▶ │ 教育訓練費＝0の場合   │
└─────────────────┘        │ はこの要件を満たさな  │
                           │ いものとされる        │
                 ╲         └─────────────────────┘
                  ╲        ┌─────────────────────┐
                   ─────▶  │ 教育訓練費＞0の場合   │
                           │ はこの要件を満たすも  │
                           │ のとされる            │
                           └─────────────────────┘
```

B　その年の 12 月 31 日までにおいて中小企業等経営強化法 17 条 1 項の
認定を受けたものであり，当該認定に係る同項に規定する経営力向上計
画（同法 18 条 1 項の規定による変更の認定があったときは，その変更後
のもの）に記載された同法 2 条 10 項に規定する経営力向上が確実に行わ
れたことにつき財務省令で定めるところにより証明がされたものである
こと（措法 10 の 5 の 4 ②二ロ）

＊　措置法施行規則 5 条の 12 第 1 項
　　措置法 10 条の 5 の 4 第 2 項 2 号ロに規定する財務省令で定めるこ
とにより証明がされたものは，同項に規定する中小事業者が受けた中小
企業等経営強化法 17 条 1 項の認定（同法 18 条 1 項の規定による変更の
認定を含む。）に係る経営力向上計画（同法 17 条 1 項に規定する経営力
向上計画をいう。）の写し及び当該経営力向上計画に係る認定書の写し
並びに当該経営力向上計画（同法 18 条 1 項の規定による変更の認定が
あったときは，その変更後のもの。）に従って行われる同法 2 条 11 項に
規定する経営力向上に係る事業の実施状況につき経済産業大臣に報告
した内容が確認できる書類（当該経営力向上が行われたことが当該経営
力向上計画に記載された指標（経済産業大臣が認めるものに限る。）の
値により確認できるものに限る。）を確定申告書に添付することにより
証明がされた中小事業者とする。

(改正前)

1	継続雇用者給与等支給額から継続雇用者比較給与等支給額を控除した金額の継続雇用者比較給与等支給額に対する割合が 2.5％以上であること $\dfrac{継続雇用者給与等支給額 － 継続雇用者比較給与等支給額}{継続雇用者比較給与等支給額} \geqq 2.5\%$
2	次の要件のいずれかを満たすこと A　適用年分の事業所得の金額の計算上必要経費の額に算入される教育訓練費の額から中小企業比較教育訓練費の額を控除した金額の中小企業比較教育訓練費の額に対する割合が 10％以上であること $\dfrac{教育訓練費 － 中小企業比較教育訓練費}{中小企業比較教育訓練費} \geqq 10\%$ B　その年の12月31日において中小企業等経営強化法19条1項の認定を受けたものであり，当該認定に係る同項に規定する経営力向上計画（同法20条1項の規定による変更の認定があったときは，その変更後のもの）に記載された同法2条12項に規定する経営力向上が確実に行われたことにつき財務省令で定めるところにより証明がされたものであること

(改正後)

1	雇用者給与等支給額から比較雇用者給与等支給額を控除した金額の当該比較雇用者給与等支給額に対する割合が 2.5％以上であること $\dfrac{雇用者給与等支給額 － 比較雇用者給与等支給額}{比較雇用者給与等支給額} \geqq 2.5\%$
2	次に掲げる要件のいずれかを満たすこと A　その年分の事業所得の金額の計算上必要経費に算入される教育訓練費の額から比較教育訓練費の額を控除した金額の比較教育訓練費の額に対する割合が 10％以上であること $\dfrac{教育訓練費 － 比較教育訓練費}{比較教育訓練費} \geqq 10\%$ B　当該事業年度終了の日までにおいて中小企業等経営強化法17条1項の認定を受けたものであり，当該認定に係る同項に規定する経営力向上計画（同法18条1項の規定による変更の認定があったときは，その変更後のもの）に記載された同法2条10項に規定する経営力向上が確実に行われたことにつき財務省令で定めるところにより証明がされたものであること

【措置法 10 条の 5 の規定の適用を受ける場合】

　措置法 10 条の 5 の規定（地方活力向上地域等において雇用者の数が増加した場合の所得税額の特別控除）の適用を受ける場合には，15 ％あるいは 25 ％を乗ずる「控除対象雇用者給与等支給増加額」は，「控除対象雇用者給与等支給増加額から，措置法 10 条の 5 の規定による控除を受ける金額の計算の基礎となった者に対する給与等の支給額として政令（措令 5 の 6 の 4 ④②）で定めるところにより計算した金額を控除した残額」となります。

【税額控除の金額の限度額】

　中小事業者税額控除限度額が，調整前事業所得税額の 20 ％に相当する金額を超えるときは，その控除を受ける金額は，当該 20 ％に相当する金額となります。

Ⅱ 設例

① 納税者は，平成20年から事業所得があり，青色申告をしている個人事業者である。

② 納税者は，国内に事業所を持っているが，甲国に事業所を持っている。

③ 従業員にはA，B，C，D，E，F，Gがいる。

④ 従業員A，B，C，D，E，F，Gの中に，次の者はいない。

　ア　当該個人の親族

　イ　当該個人と婚姻の届出をしていないが事実上婚姻関係と同様の事情にある者

　ウ　上記ア，イ以外の者で当該個人から受ける金銭その他の資産（ただし，所得税法28条1項に規定する給与所得に該当しないもの）によって生計の支援を受けているもの

　エ　上記イ，ウの者と生計を一にするこれらの者の親族

⑤　A，B，C，D，Eは国内に所在する事業所に勤務し，いずれも労働基準法108条に規定する賃金台帳に記載されており，雇用保険法60条の2第1項1号に規定する一般被保険者である。

　FとGは国内における事業所に勤務していないので，国内に所在する事業所につき作成された賃金台帳には記載されていない。

⑥　Aは，令和3年7月に採用され，Bは令和4年6月に採用されている。

⑨　A，B以外の従業員は，平成30以前から継続して令和4年12月31日まで継続して勤務している。令和3年，令和4年に退職者はいない。

⑩　令和3年の従業員に対する給与の支給額は次のとおりである。

　A　120万円（20万円×6月）

　B　0

C　600万円

　　D　650万円

　　E　700万円

　　F　800万円

　　G　800万円

⑪　令和4年の従業員に対する給与の支給額は次のとおりである。

　　A　240万円（20万円×12月）

　　B　140万円（20万円×7月）

　　C　620万円

　　D　670万円

　　E　720万円

　　F　850万円

　　G　850万円

⑫　雇用安定助成金額が令和3年に500万円，令和4年に400万円ある。
　　なお，両年とも，A及びBは雇用安定助成金額の対象にはなっていない。

⑬　教育訓練費については，令和3年に，国内に勤務する従業員について
　　200万円，海外に勤務する従業員について150万円支払った。令和4年
　　には，国内に勤務する従業員について240万円，海外に勤務する従業員
　　について200万円支払った。

(1)　国内雇用者

　国内雇用者とは，使用人のうち，国内に所在する事業所につき作成された労働基準法108条に規定する賃金台帳に記載された者をいいます。

　A，B，C，D，Eは国内に所在する事業所に勤務し，いずれも労働基準法108条に規定する賃金台帳に記載されているので国内雇用者になりますが，FとGについては，国内における事業所に勤務しておらず国内に所在する事業所につき作成された賃金台帳に記載されていないので，国内雇用者に該当しません。

　　国内雇用者　⇒　A，B，C，D，E

(2) 国内新規雇用者

国内新規雇用者とは，国内雇用者のうち，国内に所在する事業所につき作成された労働者名簿に当該国内雇用者の氏名が記載された日として財務省令で定める日（雇用開始日）から1年を経過していないものをいいます。

したがって，Bは令和4年6月に採用されているので，令和4年6月から令和4年12月まで国内新規雇用者に該当します。

Aについては，令和3年7月に採用されているので，令和4年においても最初の6月間は国内新規雇用者に該当します。

(3) 新規雇用者給与等支給額

新規雇用者給与等支給額とは，適用年の事業所得の金額の計算上必要経費に算入される国内新規雇用者に対する給与等の支給額をいいます。この場合の国内新規雇用者は，雇用保険法60条の2第1項1号に規定する一般被保険者に該当するものに限られます。

Bは，令和4年において国内新規雇用者に該当し，雇用保険法60条の2第1項1号に規定する一般被保険者に該当するので，令和4年におけるBに対する給与等の支給額140万円（20万円×7月）は，新規雇用者給与等支給額になります。

Aについては，令和3年7月に採用されており，令和4年においても最初の6月間は国内新規雇用者に該当するので，令和4年の最初の6月間のAに対する給与の支給額120万円は，新規雇用者給与等支給額になります。

新規雇用者給与等支給額は，「その給与等に充てるため他の者から支払を受ける金額」がある場合には当該金額を控除した後の金額になりますが，「その給与等に充てるため他の者から支払を受ける金額」から雇用安定助成金額は除かれています。令和4年に雇用安定助成金額が400万円ありますが，この金額は新規雇用者給与等支給額を算出する際に控除する必要がないので，新規雇用者給与等支給額は令和4年3月期におけるBに対する給与等の支給額140万円（20万円×7月）とAに対する給与等の支給額120万円（20万円×6月）の合計260万円ということになります。

224

(4) 新規雇用者比較給与等支給額

新規雇用者比較給与等支給額とは，前年分の事業所得の金額の計算上必要経費に算入される国内新規雇用者に対する給与等の支給額をいいます。

Aは，令和3年7月に採用されているので，令和3年分では，国内新規雇用者に該当します。したがって，新規雇用者比較給与等支給額は，令和3年におけるAに対する給与等の支給額120万円（20万円×6月）ということになります。

新規雇用者比較給与等支給額は，「その給与等に充てるため他の者から支払を受ける金額」がある場合には当該金額を控除した後の金額になりますが，「その給与等に充てるため他の者から支払を受ける金額」から雇用安定助成金額は除かれています。令和3年に雇用安定助成金額が500万円ありますが，この金額を新規雇用者比較給与等支給額を算出する際に控除する必要がないのは，新規雇用者給与等支給額を算出するときと同じです。

(5) 雇用者給与等支給額

雇用者給与等支給額とは，適用年度の事業所得の金額の計算上必要経費に算入される国内雇用者に対する給与等の支給額をいいます。

国内雇用者に該当するのは，A，B，C，D，Eで，FとGは，国内雇用者に該当しません。

令和4年におけるAの給与の支給額は240万円，Bの給与の支給額は140万円，Cの給与の支給額は620万円，Dの給与の支給額は670万円，Eの給与の支給額は720万円なので，雇用者給与等支給額は2,390万円になります。

240万円＋140万円＋620万円＋670万円＋720万円＝2,390万円

雇用者給与等支給額は，「その給与等に充てるため他の者から支払を受ける金額」がある場合には，「その給与等に充てるため他の者から支払を受ける金額」を控除した後の金額になり，雇用安定助成金額はこの「その給与等に充てるため他の者から支払を受ける金額」に該当します。

しかしながら，雇用者給与等支給額を計算する際に控除することとされてい

る「その給与等に充てるため他の者から支払を受ける金額」には雇用安定助成
金額は含まないこととされています。

したがって，令和4年の400万円の雇用安定助成金額は上記の2,390万円
から控除しないので，結局，雇用者給与等支給額は上記の2,390万円というこ
とになります。

(6) 比較雇用者給与等支給額

比較雇用者給与等支給額とは，前年分の事業所得の金額の計算上必要経費に
算入された国内雇用者に対する給与等の支給額をいいます。

「その給与等に充てるため他の者から支払を受ける金額」がある場合の取扱
い及び「その給与等に充てるため他の者から支払を受ける金額」に雇用安定助
成金額が含まれている場合の取扱いは，いずれも，雇用者給与等支給額を計算
する場合と同じです。

令和3年におけるAの給与の支給額は120万円，Bの給与の支給額は0円，
Cの給与の支給額は600万円，Dの給与の支給額は650万円，Eの給与の支
給額は700万円なので，比較雇用者給与等支給額は2,070万円になります。

120万円＋0円＋600万円＋650万円＋700万円＝2,070万円

令和3年の500万円の雇用安定助成金額を上記の2,070万円から控除しな
いのは雇用者給与等支給額を計算するときと同じです。

(7) 調整雇用者給与等支給増加額

調整雇用者給与等支給増加額とは，雇用者給与等支給額から比較雇用者給与
等支給額を控除した金額をいいます。調整雇用者給与等支給額を計算する際に
用いる「雇用者給与等支給額」，「比較雇用者給与等支給額」は，雇用安定助成
金額がある場合には，雇用安定助成金額を控除した後の金額を使うこととされ
ています。

上記の(5)及び(6)で説明したように，「雇用者給与等支給額」，「比較雇用者給
与等支給額」というのは，「その給与等に充てるため他の者から支払を受ける
金額」がある場合には，雇用安定助成金額以外の「その給与等に充てるため他

の者から支払を受ける金額」を控除した後の金額をいうこととされています。

　したがって，雇用安定助成金額を控除した後の「雇用者給与等支給額」，「比較雇用者給与等支給額」というのは，雇用安定助成金額を含む「その給与等に充てるため他の者から支払を受ける金額」を控除した後の金額をいうことになります。

　令和4年にA，B，C，D，Eに支払った給与等の支給額は2,390万円で，雇用安定助成金額が400万円あるので，雇用安定助成金額を控除した後の雇用者給与等支給額は1,990万円になります。

　令和3年にA，B（支給額は0），C，D，Eに支払った給与等の支給額は2,070万円で，雇用安定助成金額が500万円あるので，雇用安定助成金額を控除した後の比較雇用者給与等支給額は1,570万円になります。

　そうすると，調整雇用者給与等支給増加額は，1,990万円から1,570万円を控除した420万円ということになります。

　　　（2,390万円－400万円）－（2,070万円－500万円）＝420万円

(8)　控除対象新規雇用者給与等支給額

　控除対象新規雇用者給与等支給額は，適用年の事業所得の金額の計算上必要経費に算入される国内新規雇用者に対する給与等の支給額のうち当該個人の適用年の調整雇用者給与等支給増加額に達するまでの金額をいいます。

　この場合における「国内新規雇用者に対する給与等の支給額」は，「その給与等に充てるため他の者から支払を受ける金額」がある場合には，当該金額を控除した後の金額とされ，「その給与等に充てるため他の者から支払を受ける金額」から雇用安定助成金額は除かれていないので，雇用安定助成金額を含む「その給与等に充てるため他の者から支払を受ける金額」を控除した後の金額が，「国内新規雇用者に対する給与等の支給額」ということになります。

　A及びBは令和4年の雇用安定助成金額の対象にはなっていないので，令和4年におけるAに対する新規雇用者給与等支給額120万円（20万円×6月）とBに対する新規雇用者給与等支給額140万円（20万円×7月）の合計260

万円が調整雇用者給与等支給増加額と対比すべき「国内新規雇用者に対する給与等の支給額」ということになります。

控除対象新規雇用者給与等支給額は，適用年の事業所得の金額の計算上必要経費に算入される国内新規雇用者に対する給与等の支給額のうち当該個人の適用年の調整雇用者給与等支給増加額に達するまでの金額をいうので，「国内新規雇用者に対する給与等の支給額」260万円のうち，調整雇用者給与等支給増加額420万円に達するまでの金額すなわち260万円ということになります。

(9) 控除対象雇用者給与等支給増加額

控除対象雇用者給与等支給増加額とは，中小事業者の雇用者給与等支給額から比較雇用者給与等支給額を控除した金額をいいますが，当該金額が調整雇用者給与等支給増加額を超える場合には，当該調整雇用者給与等支給増加額をいいます。

雇用者給与等支給額は2,390万円（上記(5)），比較雇用者給与等支給額は2,070万円（上記(6)）です。

また，調整雇用者給与等支給増加額は420万円です（上記(7)）

雇用者給与等支給額（2,390万円）から比較雇用者給与等支給額（2,070万円）を控除した金額は320万円であり，調整雇用者給与等支給増加額420万円を超えませんので，控除対象雇用者給与等支給増加額は320万円になります。

(10) 教育訓練費

教育訓練費とは，個人がその国内雇用者の職務に必要な技術又は知識を習得させ，又は向上させるために支出する費用をいいます。

令和4年において，国内に勤務する従業員について240万円，海外に勤務する従業員について200万円の教育訓練費を支払っていますが，措置法10条の5の4において「教育訓練費」とされるのは，国内に勤務する従業員について支払った240万円です。

(11) 比較教育訓練費

比較教育訓練費とは，前年の教育訓練費をいいます。

前年の教育訓練費ですから，国内雇用者を対象にしたものに限られます。

令和3年に，国内に勤務する従業員について200万円，海外に勤務する従業員について150万円の教育訓練費を支払っていますが，措置法10条の5の4において「比較教育訓練費」とされるのは，国内に勤務する従業員について支払った200万円です。

(12) 適用要件の検討

ア 措置法10条の5の4第1項の要件

措置法10条の5の4第1項の適用要件は，新規雇用者給与等支給額からその新規雇用者比較給与等支給額を控除した金額の当該新規雇用者比較給与等支給額に対する割合が2％以上であることです。

$$\frac{新規雇用者給与等支給額－新規雇用者比較給与等支給額}{新規雇用者比較給与等支給額} \geqq 2\%$$

新規雇用者給与等支給額は260万円，新規雇用者比較給与等支給額は120万円なので，措置法10条の5の4第1項の適用要件は充足します。

$$\frac{（260万円－120万円）}{120万円} = 116.6\%$$

イ 控除の割合が20％となる要件

措置法10条の5の4第1項の税額控除の割合が20％となる要件は，適用年の事業所得の金額の計算上必要経費に算入される教育訓練費の額からその比較教育訓練費の額を控除した金額の比較教育訓練費の額に対する割合が20％以上であるということです。

$$\frac{教育訓練費 － 比較教育訓練費}{比較教育訓練費} \geqq 20\%$$

適用年の教育訓練費の金額は240万円，比較教育訓練費の金額は200万円なので，控除の割合が20％になる要件は満たしていることになります。

$$\frac{(240\,万円-200\,万円)}{200\,万円}=20\,\%$$

ウ　措置法 10 条の 5 の 4 第 2 項の要件

　　措置法 10 条の 5 の 4 第 2 項の適用要件は，雇用者給与等支給額から比較雇用者給与等支給額を控除した金額の比較雇用者給与等支給額に対する割合が 1.5 % 以上であることです。

$$\frac{雇用者給与等支給額-\quad 比較雇用者給与等支給額}{比較雇用者給与等支給額}\geqq 1.5\,\%$$

　　雇用者給与等支給額は 2,390 万円，比較雇用者給与等支給額は 2,070 万円なので，この要件は充足します。

$$\frac{(2,390\,万円-2,070\,万円)}{2,070\,万円}=15.45\,\%$$

エ　控除の割合が 25 % となる要件

　　措置法 10 条の 5 の 4 第 2 項の税額控除の割合が 25 % となる要件は次の 2 つです。

①	雇用者給与等支給額から比較雇用者給与等支給額を控除した金額の当該比較雇用者給与等支給額に対する割合が2.5％以上であること $\dfrac{雇用者給与等支給額 － 比較雇用者給与等支給額}{比較雇用者給与等支給額} \geqq 2.5\%$
②	次に掲げる要件のいずれかを満たすこと A　当該年の事業所得の金額の計算上必要経費に算入される教育訓練費の額から比較教育訓練費の額を控除した金額の比較教育訓練費の額に対する割合が10％以上であること $\dfrac{教育訓練費 － 比較教育訓練費}{比較教育訓練費} \geqq 10\%$ B　当該事業年度終了の日までにおいて中小企業等経営強化法17条1項の認定を受けたものであり，当該認定に係る同項に規定する経営力向上計画（同法18条1項の規定による変更の認定があったときは，その変更後のもの）に記載された同法2条10項に規定する経営力向上が確実に行われたことにつき財務省令で定めるところにより証明がされたものであること

　ウのとおり上記①の要件は満たしており，またイのとおり上記②の要件も充足しています。

オ　税額控除の金額

　　上記アからエのとおり，措置法10条の5の4第1項の適用も，同条2項の適用も受けられることになり，同条1項については20％の割合で，同条2項については25％の割合で税額控除を適用することができます。

　　措置法10条の5の4第1項の適用を受ける場合の税額控除の金額は控除対象新規雇用者給与等支給額260万円の20％で52万円ということになります。

　　措置法10条の5の4第2項の適用を受ける場合の税額控除の金額は，控除対象雇用者給与等支給増加額320万円の25％で80万円ということになります。

　　設例の納税者は「中小事業者」に該当するので，措置法10条の5の4第1項の適用と2項の適用のいずれを選択することもできます（いずれか一方しか選択できない）。

231

したがって，税額控除の金額の多い同条2項の適用を受け，80万円の
税額控除を受けることになります。

Ⅲ 各用語の説明

1 国内雇用者

　措置法 10 条の 5 の 4 第 3 項 8 号は,「国内雇用者」を個人の使用人(当該個人と政令で定める特殊の関係にある者を除く。)のうち当該個人の有する国内の事業所に勤務する雇用者として政令で定めるものに該当するものをいうと規定しています。

　措置法施行令 5 条の 6 の 4 第 13 項は,措置法 10 条の 5 の 4 第 3 項 8 号に規定する政令で定める特殊の関係のある者は,次に掲げる者とすると規定しています。

① 当該個人の親族

② 当該個人と婚姻の届出をしていないが事実上婚姻関係と同様の事情にある者

③ 上記①,②以外の者で当該個人から受ける金銭その他の資産(所得税法 28 条 1 項に規定する給与等に該当しないものに限る。)によって生計の支援を受けているもの

④ 上記②,③の者と生計を一にするこれらの者の親族

　また,措置法施行令 5 条の 6 の 4 第 14 項は,措置法 10 条の 5 の 4 第 3 項 8 号に規定する政令で定めるものは,当該個人の国内に所在する事業所につき作成された労働基準法 108 条に規定する賃金台帳に記載された者とすると規定しています。

　国内雇用者の要件は「使用人のうち国内に所在する事業所につき作成された賃金台帳に記載された者」であることなので,海外に長期出張等していた場合でも,国内の事業所で作成された賃金台帳に記載され,給与所得となる給与等

の支給を受けていれば，海外で勤務していても国内雇用者に該当することになります。

　出向先法人が出向元の個人へ出向者に係る給与負担金を支払っている場合において，当該出向先法人の賃金台帳に当該出向者を記載しているときは，出向先法人が支払う当該給与負担金は，出向先法人の雇用者給与等支給額に含まれます。逆に，出向先法人の賃金台帳に記載がない場合には，当該給与負担金の額は出向先法人の雇用者給与等支給額には含まれません。

（国内雇用者に含まれないもの）

1	当該個人の国内に所在する事業所につき作成された労働基準法 108 条に規定する賃金台帳に記載されていない者
2	当該個人の親族
3	当該個人と婚姻の届出をしていないが事実上婚姻関係と同様の事情にある者
4	2 及び 3 以外の者で当該個人から受ける金銭その他の資産（所得税法 28 条 1 項に規定する給与等に該当しないものに限る。）によって生計の支援を受けているもの
5	3 及び 4 の者と生計を一にするこれらの者の親族

　　※　賃金台帳
　　　労働基準法 108 条は，使用者は，各事業場ごとに賃金台帳を調製し，賃金計算の基礎となる事項及び賃金の額その他厚生労働省令で定める事項を賃金支払の都度遅滞なく記入しなければならない，と規定しています。
　　　労働基準法施行規則 54 条は，賃金台帳に記載すべき事項として次の事項を規定しています。
　　　①　氏名
　　　②　性別
　　　③　賃金計算期間
　　　④　労働日数
　　　⑤　労働時間数
　　　⑥　法第 33 条若しくは法第 36 条第 1 項の規定によって労働時間を延長し，若しくは休日に労働させた場合又は午後 10 時から午前 5 時（厚生労働大臣が必要であると認める場合には，その定める地域又は期間について

は午後 11 時から午前 6 時）までの間に労働させた場合には，その延長時間数，休日労働時間数及び深夜労働時間数

⑦　基本給，手当その他賃金の種類毎にその額

⑧　法第 24 条第 1 項の規定によって賃金の一部を控除した場合には，その額

様式第20号（第55条）

賃金台帳	賃　金　計　算　期　間	分	分	分	分	分	分	分
	労　働　日　数	日	日	日	日	日	日	日
	労　働　時　間　数	時間	時間	時間	時間	時間	時間	時間
	休日労働時間数	時間	時間	時間	時間	時間	時間	時間
	早出残業時間数	時間	時間	時間	時間	時間	時間	時間
	深夜労働時間数	時間	時間	時間	時間	時間	時間	時間
	基　本　賃　金	円	円	円	円	円	円	円
	所定時間外割増賃金	円	円	円	円	円	円	円
手当	手当	円	円	円	円	円	円	円
	手当	円	円	円	円	円	円	円
	手当	円	円	円	円	円	円	円
	手当	円	円	円	円	円	円	円
		円	円	円	円	円	円	円
	小　　計	0 円	0 円	0 円	0 円	0 円	0 円	0 円
	非課税分賃金額	円	円	円	円	円	円	円
	臨　時　の　給　与	円	円	円	円	円	円	円
	賞　　　　　　与	円	円	円	円	円	円	円
	合　　計	0 円	0 円	0 円	0 円	0 円	0 円	0 円
社会保険料控除	健　康　保　険	円	円	円	円	円	円	円
	厚生年金・保険	円	円	円	円	円	円	円
	雇　用　保　険	円	円	円	円	円	円	円
	小　　計	0 円	0 円	0 円	0 円	0 円	0 円	0 円
	差　引　残	0 円	0 円	0 円	0 円	0 円	0 円	0 円
控除	所　　得　　税	円	円	円	円	円	円	円
	市　町　村　民　税	円	円	円	円	円	円	円
	小　　計	0 円	0 円	0 円	0 円	0 円	0 円	0 円
	実　物　給　与	円	円	円	円	円	円	円
	差　引　支　払　金	0 円	0 円	0 円	0 円	0 円	0 円	0 円
	領　収　印	月日 印	月日 印	月日 印	月日 印	月日 印	月日 印	月日 印

（氏名・性別・所属・職名）

※　親族

民法 725 条

次に掲げる者は，親族とする。

1 号　6 親等内の血族

2 号　配偶者

3 号　3 親等内の姻族

民法 726 条

1 項　親等は，親族間の世代数を数えて，これを定める。

2 項　傍系親族の親等を定めるには，その 1 人又はその配偶者から同一の祖先にさかのぼり，その祖先から他の 1 人に下るまでの世代数による。

※　生計を一にする親族

所得税基本通達 2─47

法に規定する「生計を一にする」とは，必ずしも同一の家屋に起居していることをいうものではないから，次のような場合には，それぞれ次による。

① 　勤務，修学，療養等の都合上他の親族と日常の起居を共にしていない親族がいる場合であっても，次に掲げる場合に該当するときは，これらの親族は生計を一にするものとする。

イ　当該他の親族と日常の起居を共にしていない親族が，勤務，修学等の余暇には当該他の親族のもとで起居を共にすることを常例としている場合

ロ　これらの親族間において，常に生活費，学資金，療養費等の送金が行われている場合

② 　親族が同一の家屋に起居している場合には，明らかに互いに独立した生活を営んでいると認められる場合を除き，これらの親族は生計を一にするものとする。

2　国内新規雇用者

　措置法10条の5の4第3項1号は，「国内新規雇用者」を，個人の国内雇用者のうち当該個人の有する国内の事業所に勤務することとなった日から1年を経過していないものとして政令で定めるものをいうと規定しています。

　措置法施行令5条の6の4第5項は，措置法10条の5の4第3項1号に規定する政令で定めるものは，当該個人の国内雇用者（同項8号に規定する国内雇用者をいう。）のうち国内に所在する事業所につき作成された労働者名簿（労働基準法107条1項に規定する労働者名簿をいう。）に当該国内雇用者の氏名が記載された日として財務省令で定める日（雇用開始日）から1年を経過していないものとすると規定しています。

　ただし，次の者は除かれています。

① 　当該個人の国内雇用者（その国内に所在する事業所につき作成された労働者名簿に氏名が記載された者に限る。）となる直前に当該個人の使用人（当該個人と措置法10条の5の4第3項8号に規定する政令で定める特殊の関

係のある者及び当該個人の国外に所在する事業所の使用人に限る。）であった者

> ※　当該個人の国内雇用者となる直前に当該個人の国外にある事業所の使用
> 人であった者は，除かれるものに含まれます。

② 　当該個人の国内雇用者となる直前に当該個人との間に法人税法2条12号の7の5に規定する当事者間の支配の関係がある法人（支配関係法人）の役員（同条15号に規定する役員をいう。）若しくは使用人（当該支配関係法人の国内に所在する事業所に勤務する雇用者として財務省令で定める者，当該支配関係法人の役員と措置法42条の12の5第3項9号に規定する政令で定める特殊の関係のある者及び当該支配関係法人の国外に所在する事業所の使用人に限る。）又は当該個人と措置法10条の5の4第3項8号に規定する政令で定める特殊の関係のある者若しくはその使用人（当該者の国内雇用者及び当該者の国外に所在する事業所の使用人に限る。）であった者

　ただし，当該個人の事業所得を生ずべき事業（承継事業）の相続（包括遺贈を含む。）による承継の直後の当該個人の国内雇用者で当該承継の直前において当該相続に係る被相続人（包括遺贈者を含む。）の国内雇用者であった者は除かれます。

> ※　措置法施行規則5条の12第3項
> 　措置法施行令5条の6の3の2第5項2号に規定する財務省令で定める者
> は，当該個人との間に法人税法2条12号の7の5に規定する当事者間の支
> 配の関係がある法人の国内に所在する事業所に勤務する使用人で当該法人
> の措置法施行令27条の12の4の2第3項1号に規定する国内雇用者に該当
> する者とすると規定しています。
> ※　個人の承継事業の相続による承継の直後の当該個人の国内雇用者（当該承
> 継の直前において当該相続に係る被相続人の雇用者であったものに限る。）
> については，当該被相続人における雇用開始日が当該個人における雇用開始
> 日とみなされます（措置法施行令5条の6の4第6項）。

③ 　当該個人の承継事業の相続による承継直後の当該個人の国内雇用者で当該承継の直前において当該相続に係る被相続人の使用人（当該被相続人と次に

掲げる特殊の関係のある者及び当該被相続人の国外に所在する事業所の使用人に限る。）であった者

イ　当該被相続人の親族

ロ　当該被相続人と婚姻の届出をしていないが事実上婚姻関係と同様の事情にある者

ハ　イ又はロに掲げる者以外の者で当該被相続人から受ける金銭その他の資産（所得税法28条2項に規定する給与等に該当しないものに限る。）によって生計の支援を受けているもの

ニ　ロ又はハに掲げる者と生計を一にするこれらの者の親族

措置法施行規則5条の12第2項は，措置法施行令5条の6の4第5項に規定する財務省令で定める日は，当該個人の国内に所在する事業所につき作成された同項に規定する労働者名簿にその氏名が記載された同項各号列記以外の部分に規定する国内雇用者の労働基準法施行規則53条1項4号に掲げる日（当該国内雇用者が当該個人の国内に所在する他の事業所から異動した者である場合には，当該個人の国内に所在する各事業所における当該国内雇用者の同号に掲げる日のうち一番早い日）とすると規定しています。

【参考】労働基準法施行規則53条1項
　法第107条第1項の労働者名簿（様式第19号）に記入しなければならない事項は，同条同項に規定するもののほか，次に掲げるものとする。
　　1号　性別
　　2号　住所
　　3号　従事する業務の種類
　　4号　雇入の年月日
　　5号　退職の年月日及びその事由（退職の事由が解雇の場合にあっては，その理由を含む。）
　　6号　死亡の年月日及びその原因

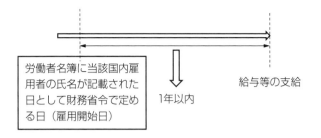

(国内新規雇用者に該当しないもの)

当該個人の国内雇用者となる直前に，当該個人の措置法10条の5の4第3項8号に規定する政令で定める特殊の関係のある使用人であった者
当該個人の国内雇用者となる直前に，当該個人の国外に所在する事業所の使用人であった者
当該個人の国内雇用者となる直前に，支配関係法人の国内に所在する事業所に勤務する使用人で当該法人の措置法施行令27条の12の4の2第3項1号に規定する国内雇用者に該当する者
当該個人の国内雇用者となる直前に，支配関係法人の役員若しくは使用人（当該支配関係法人の役員と措置法42条の12の5第3項9号に規定する政令で定める特殊の関係のある者及び当該支配関係法人の国外に所在する事業所の使用人に限る。）であった者
当該個人の国内雇用者となる直前に，当該個人と措置法10条の5の4第3項8号に規定する政令で定める特殊の関係のある者若しくはその使用人（当該者の国内雇用者及び当該者の国外に所在する事業所の使用人に限る。）であった者
当該個人の事業所得を生ずべき事業（承継事業）の相続による承継直後の当該個人の国内雇用者で当該承継の直前において当該相続に係る被相続人の使用人（当該被相続人と次に掲げる特殊の関係のある者及び当該被相続人の国外に所在する事業所の使用人に限る。）であった者 イ　当該被相続人の親族 ロ　当該被相続人と婚姻の届出をしていないが事実上婚姻関係と同様の事情にある者 ハ　イ又はロに掲げる者以外の者で当該被相続人から受ける金銭その他の資産（所得税法28条2項に規定する給与等に該当しないものに限る。）によって生計の支援を受けているもの ニ　ロ又はハに掲げる者と生計を一にするこれらの者の親族

3 新規雇用者給与等支給額

　措置法10条の5の4第3項4号は,「新規雇用者給与等支給額」を, 個人の適用年の事業所得の金額の計算上必要経費に算入される国内新規雇用者(雇用保険法60条の2第1項1号に規定する一般被保険者に該当するものに限る。)に対する給与等の支給額(その給与等に充てるため他の者から支払を受ける金額(雇用安定助成金額を除く。)がある場合には, 当該金額を控除した金額。)をいうと規定しています。

　「他の者」には, その個人が非居住者である場合の所得税法161条1項1号に規定する事業場等を含みます(措法10の5の4③三)。

① 前年の中途採用者

② 適用年の中途採用者の場合

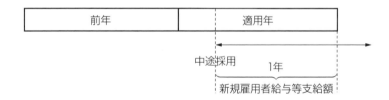

③ 前々年の中途採用者の場合

※ 雇用保険制度における一般被保険者
　雇用保険制度における被保険者の種類は次のとおりです。
　① 一般被保険者（65歳未満の常用労働者）
　② 高年齢被保険者（65歳を超えて引き続き雇用される者等）
　③ 短期雇用特例被保険者（季節的に雇用される者）
　④ 日雇労働被保険者（日々雇用される者，30日以内の期間を定めて雇用される者）
　1週間の所定労働時間が20時間未満である者は雇用保険法の適用除外となります。

※ 雇用保険の一般被保険者に該当する者はいるが雇用保険に未加入の場合の取扱い
　新規雇用者給与等支給額の意義を定めた措置法10条の5の4第3項4号は，一般被保険者を「雇用保険法第60条の2第1項第1号に規定する一般被保険者」としています。雇用保険法60条の2第1項第1号は「一般被保険者（被保険者のうち高年齢被保険者，短期雇用特例被保険者及び日雇労働被保険者以外の者をいう。）」と規定しています。更に，雇用保険法4条1項では，被保険者を「適用事業に雇用される労働者であって，第6条各号に掲げる者以外のものをいう。」と定義しています。そして，事業主はその被保険者に関する届出をする義務を負っています（同法7条）。つまり，措置法10条の5の4第3項4号は，雇用保険の加入手続や保険料納付の有無にかかわらず，単に雇用保険法上の一般被保険者の意義を引用しているにすぎません。
　したがって，事業主が雇用保険の加入手続を行っていない場合であっても，本来一般被保険者に該当するものであれば，税法上は一般被保険者として取扱われるべきものと考えられます。

【参考】

　改正前の措置法 10 条の 5 の 4 における「給与等の支給額」は，同条 3 項 3 号が「給与等の支給額（その給与等に充てるため他の者（当該個人が非居住者である場合の所得税法 161 条 1 項 1 号に規定する事業場等を含む。）から支払を受ける金額がある場合には，当該金額を控除した金額。以下この項において同じ。）」と規定していたので，改正前の措置法 10 条の 5 の 4 第 3 項の 3 号以下において「給与等の支給額」という場合には，同項 3 号に規定するものを指していました。

　改正後の措置法 10 条の 5 の 4 における「給与等の支給額」は，控除対象新規雇用者給与等支給額を規定している同条 3 項 3 号が，「給与等の支給額（その給与等に充てるため他の者から支払を受ける金額がある場合には，当該金額を控除した金額。）」と規定しているのに対して，新規雇用者給与等支給額を規定している同条 3 項 4 号は，「給与等の支給額（その給与等に充てるため他の者から支払を受ける金額（雇用安定助成金額を除く。）がある場合には，当該金額を控除した金額。以下この項において同じ。）」と規定しているので，同条第 3 項の 4 号以下において「給与等の支給額」という場合には，「その給与等に充てるため他の者から支払を受ける金額」は控除することになりますが，控除する金額から雇用安定助成金額が除かれています。したがって，雇用安定助成金額については「給与等の支給額」から控除しないことになります。

※ 給与等とは，所得税法 28 条 1 項に規定する給与等をいいますが，賃金台帳に記載された支給額（所得税法上課税されない通勤手当等の額を含む。）のみを対象として計算する等，合理的な方法により継続的して国内雇用者に対する給与等の支給額を計算している場合には，その計算が認められます（措通 10 の 5 の 4-2）。

※ 原価計算における労務費にあたる賃金等については，原則的には，期首棚卸と期末棚卸とに含まれる賃金等を加減算することになりますが，煩雑さを避けるため，その賃金等の支給額の確定を基準に計算したものを給与等の支給額とする等，一定の合理性が認められる方法によって，個人が継続的にこの制度における「給与等の支給額」を算出することも許容されるものと考えられます（措通 10 の 5 の 4-5）。

※ 他の者から支払を受ける金額
　以下のものが，「他の者から支払を受ける金額」に該当します（措通 10 の 5 の 4-3）。
① その補助金，助成金，給付金又は負担金その他これに準ずるもの（補助金等）の要綱，要領又は契約において，その補助金等の交付の趣旨又は目的がその交付を受ける個人の給与等の支給額に係る負担を軽減させることが明らかにされている場合のその補助金等の交付額
　　例：業務改善助成金
② ①以外の補助金等の交付額で，資産の譲渡，資産の貸付け及び役務の提

供に係る反対給付としての交付額に該当しないもののうち，その算定方法
が給与等の支給実績又は支給単価（雇用契約において時間，日，月，年ご
とにあらかじめ決められている給与等の支給額をいう。）を基礎として定
められているもの

　　例：雇用調整助成金，緊急雇用安定助成金，産業雇用安定助成金，労働
　　　　移動支援助成金（早期雇い入れコース），キャリアアップ助成金
　　　　（正社員化コース），特定求職者雇用開発助成金，（就職氷河期世代
　　　　安定雇用実現コース），特定求職者雇用開発助成金（特定就職困難
　　　　者コース）

※　年の途中で，使用人が事業主の配偶者になった場合には，使用人に該当す
　る期間の給与のみを計算の対象とします。

※　残業手当，休日出勤手当，職務手当，地域手当，家族（扶養）手当，住宅
　手当などは，通常，給与所得に該当するので，「給与等」に含まれます。

※　商品券や食事券等で支給したものでも給与所得に該当するものは，給与等
　の金額に含まれます。給与等の金額は現金で支払われるものに限られません。

4　雇用安定助成金額

　措置法 10 条の 5 の 4 第 3 項 3 号イは，「雇用安定助成金額」を，国又は地
方公共団体から受ける雇用保険法 62 条 1 項 1 号に掲げる事業として支給が行
われる助成金その他これに類するものの額をいうと規定しています。

　具体的には次のものが該当します（措通 10 の 5 の 4-4）。

①　雇用調整助成金，産業雇用安定助成金又は緊急雇用安定助成金の額

②　①に上乗せして支給される助成金の額その他の①に準じて地方公共団体
　から支給される助成金の額

【参考】

　雇用保険法 62 条

　政府は，被保険者，被保険者であつた者及び被保険者になろうとする者
（以下この章において「被保険者等」という。）に関し，失業の予防，雇用

> 状態の是正,雇用機会の増大その他雇用の安定を図るため,雇用安定事業として,次の事業を行うことができる。
> 　1号　景気の変動,産業構造の変化その他の経済上の理由により事業活動の縮小を余儀なくされた場合において,労働者を休業させる事業主その他労働者の雇用の安定を図るために必要な措置を講ずる事業主に対して,必要な助成及び援助を行うこと。

※　新型コロナウィルス感染症対応休業支援金・給付金は,従業員が勤務先を通さずに給付されるものであり,個人が支給する給与等に充てるものではないことから,「雇用安定助成金額」には該当しません。

5　新規雇用者比較給与等支給額

　措置法10条の5の4第3項5号は,「新規雇用者比較給与等支給額」を,個人の適用年の前年分の事業所得の金額の計算上必要経費に算入される国内新規雇用者(雇用保険法60条の2第1項1号に規定する一般被保険者に該当する者に限る。)に対する給与等の支給額(その給与等に充てるため他の者から支払を受ける金額(雇用安定助成金額を除く。)をいうと規定しています。

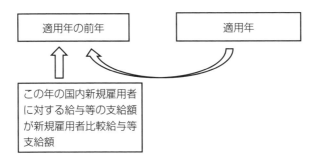

　なお,適用年の前年において事業を営んでいた期間の月数と当該適用年において事業を営んでいた期間の月数とが異なる場合には,適用年の前年分の事業

所得の金額の計算上必要経費に算入される国内新規雇用者（雇用保険法60条の2第1項1号に規定する一般被保険者に該当する者に限る。）に対する給与等の支給額（その給与等に充てるため他の者から支払を受ける金額（雇用安定助成金額を除く。）がある場合には，当該金額を控除した金額）に12を乗じてこれを当該適用年の前年において事業を営んでいた期間の月数で除して計算した金額になります（措置法施行令5条の6の4第7項）。

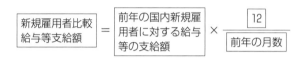

　また，措置法施行令5条の6の4第8項は，措置法第10条の5の4第1項の適用を受けようとする個人が次の各号に掲げる場合に該当する場合のその適用を受けようとする年（適用年）の当該個人の同条3項5号に規定する新規雇用者比較給与等支給額の計算における同号の給与等の支給額（当該適用年において事業を営んでいた期間の月数と当該適用年の前年において事業を営んでいた期間の月数とが異なる場合には，措置法施行令5条の6の4第7項の給与等の支給額）については，個人の当該各号に規定する調整対象年（適用年の前年）に係る給与等支給額（個人のその年分の事業所得の金額の計算上必要経費に算入される国内新規雇用者に対する給与等の支給額をいう）は，当該各号に定めるところによると規定しています。

1号　適用年において承継事業を相続により承継した場合

　　当該個人の適用年の前年（調整対象年）に係る給与等支給額については，当該個人の当該調整対象年に係る給与等支給額に，当該個人の当該調整対象年において事業を営んでいた月に係る被相続人（包括遺贈者を含む。）の月別給与等支給額を合計した金額に当該個人が当該承継事業を承継した日から当該適用年の12月31日までの期間の月数を乗じてこれを12で除して計算した金額を加算する。

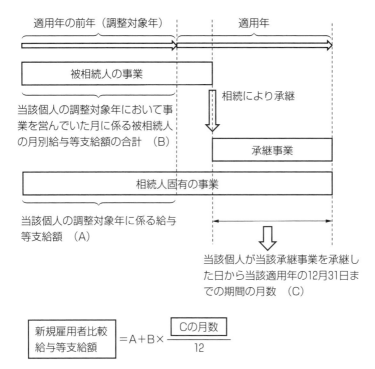

2号　適用年の前年（調整対象年）において承継事業を相続により承継した場合

　　当該個人の当該調整対象年に係る給与等支給額については，当該個人の当該調整対象年に係る給与等支給額に当該個人の当該調整対象年において事業を営んでいた月（当該承継事業を承継した日の属する月以後の月を除く。）に係る被相続人の月別給与等支給額を合計した金額を加算する。

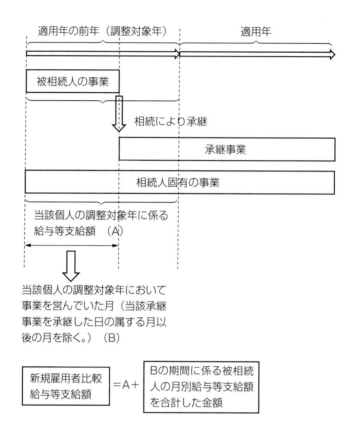

※　月別給与等支給額とは，その被相続人の措置法施行令5条の6の4第8項各号に規定する調整対象年の給与等支給額を当該調整対象年において当該被相続人が事業を営んでいた期間の月数で除して計算した金額を当該調整対象年において同項の個人が事業を営んでいた月に係るものとみなしたものをいいます（措令5の6の4⑨）。

※　措置法10条の5の4第4項は，同条3項の月数は，暦に従って計算し，1月に満たない端数を生じたときは，これを1月とすると規定しています。

6　雇用者給与等支給額

　措置法10条の5の4第3項9号は，「雇用者給与等支給額」を，個人の適

用年の事業所得の金額の計算上必要経費に算入される国内雇用者に対する給与等の支給額をいうと規定しています。国内雇用者に対する給与等の支給額なので，国内雇用者に該当しない当該個人と特殊の関係のある者に対して支給する給与等は除かれます。

　改正前の措置法10条の5の4第3項3号は，「雇用者給与等支給額」を，「個人の各年分の事業所得の金額の計算上必要経費に算入される国内雇用者に対する給与等の支給額（その給与等に充てるため他の者（当該個人が非居住者である場合の所得税法161条1項1号に規定する事業場等を含む。）から支払を受ける金額がある場合には当該金額を控除した金額。以下この項において同じ。）をいう。」と規定していました。

　したがって，改正前の措置法10条の5の4第3項の3号以下の号において，「給与等の支給額」というと，「その給与等に充てるため他の者（当該個人が非居住者である場合の所得税法161条1項1号に規定する事業場等を含む。）から支払を受ける金額がある場合には当該金額を控除した金額」を意味しました。

　一方，改正後の措置法10条の5の4第3項4号は，「給与等の支給額」を，「給与等の支給額（その給与等に充てるため他の者から支給を受ける金額（雇用安定助成金額を除く。）がある場合には当該金額を控除した金額。以下この項において同じ。）」と規定しています。したがって，改正前の措置法10条の5の4第3項3号の規定する「雇用者給与等支給額」は，その給与等に充てるため他の者（当該個人が非居住者である場合の所得税法161条1項1号に規定する事業場等を含む。）から支払を受ける金額がある場合には当該金額を控除した金額を意味していましたが，改正後の措置法10条の5の4第3項9号の規定する「雇用者給与等支給額」は，「個人の各年分の事業所得の金額の計算上必要経費に算入される国内雇用者に対する給与等の支給額（その給与等に充てるため他の者（当該個人が非居住者である場合の所得税法161条1項1号に規定する事業場等を含む。）から支払を受ける金額がある場合には当該金額を控除した金額」という点では改正前の措置法10条の5の4第3項3号の規定する「雇用者給与等支給額」と同じですが，控除する金額から雇用安定助成

金額が除かれている点が改正前の措置法10条の5の4第3項3号の規定する「雇用者給与等支給額」と異なることになります。

改正前の「雇用者給与等支給額」 　　　改正後の「雇用者給与等支給額」

| 個人の各年分の事業所得の金額の計算上必要経費に算入される国内雇用者に対する給与等の支給額（その給与等に充てるため他の者（当該個人が非居住者である場合の所得税法161条1項1号に規定する事業場等を含む。）から支払を受ける金額がある場合には，当該金額を控除した金額。）（改正前の措置法10条の5の4第3項3号） | 個人の各年分の事業所得の金額の計算上必要経費に算入される国内雇用者に対する給与等の支給額（その給与等に充てるため他の者から支給を受ける金額（雇用安定助成金額を除く。）がある場合には当該金額を控除した金額。）（改正後の措置法10条の5の4第3項4号，9号） |

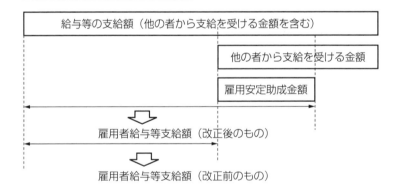

7　比較雇用者給与等支給額

　措置法10条の5の4第3項10号は，「比較雇用者給与等支給額」を，個人の適用年の前年分の事業所得の金額の計算上必要経費に算入される国内雇用者に対する給与等の支給額と規定しています。

　国内雇用者に対する給与等の支給額なので，国内雇用者に該当しない当該個

人と特殊の関係のある者に対して支給する給与等は除かれます。

　改正前の措置法10条の5の4第3項3号は、「雇用者給与等支給額」を、「個人の適用年の事業所得の金額の計算上必要経費に算入される国内雇用者に対する給与等の支給額（当該個人が非居住者である場合の所得税法161条1項1号に規定する事業場等を含む。）から支払を受ける金額がある場合には当該金額を控除した金額）をいう。」と規定していました。

　そして、改正前の措置法10条の5の4第3項4号は、比較雇用者給与等支給額を、「個人の適用年の前年分の事業所得の金額の計算上必要経費に算入される国内雇用者に対する給与等の支給額（当該個人が非居住者である場合の所得税法161条1項1号に規定する事業場等を含む。）から支払を受ける金額がある場合には当該金額を控除した金額）をいう。」と規定していました。

　同項3号は、「給与等の支給額（その給与等に充てるため他の者（当該個人が非居住者である場合の所得税法161条1項1号に規定する事業場等を含む。）から支払を受ける金額がある場合には当該金額を控除した金額。以下この項において同じ。）」と規定していたので、比較雇用者給与等支給額を規定していた改正前の措置法10条の5の4第3項4号においても給与等の支給額は「その給与等に充てるため他の者（当該個人が非居住者である場合の所得税法161条1項1号に規定する事業場等を含む。）から支払を受ける金額がある場合には当該金額を控除した金額」を意味していました。

　改正後の措置法10条の5の4第3項4号は同号における「給与等の支給額」を「その給与等に充てるため他の者（当該個人が非居住者である場合の所得税法161条1項1号に規定する事業場等を含む。）から支払を受ける金額（雇用安定助成金額を除く。）がある場合には当該金額を控除した金額。以下この項において同じ。」と規定しています。

　したがって、改正前の措置法10条の5の4第3項4号の規定する「比較雇用者給与等支給額」は、その給与等に充てるため他の者（当該個人が非居住者である場合の所得税法161条1項1号に規定する事業場等を含む。）から支払を受ける金額がある場合には当該金額を控除した金額を意味していましたが、

改正後の措置法10条の5の4第3項10号の規定する「比較雇用者給与等支給額」は,「個人の適用年の前年分の事業所得の金額の計算上必要経費に算入される国内雇用者に対する給与等の支給額(その給与等に充てるため他の者(当該個人が非居住者である場合の所得税法161条1項1号に規定する事業場等を含む。)から支払を受ける金額がある場合には当該金額を控除した金額」という点では改正前の措置法10条の5の4第3項4号の規定する「比較雇用者給与等支給額」と同じですが,控除する金額から雇用安定助成金額が除かれている点が改正前の措置法10条の5の4第3項4号の規定する「比較雇用者給与等支給額」と異なることになります。

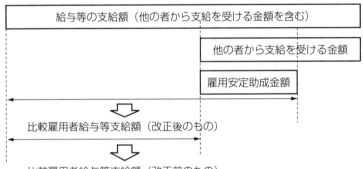

※　新規雇用者比較給与等支給額についての規定の準用
　　措置法施行令5条の6の4第15項は,新規雇用者比較給与等支給額についての同条7項を,同条16項は同条8項及び9項を,措置法10条の5の4第3項10号に規定する比較雇用者給与等支給額の計算について準用しています。
　　措置法施行令5条の6の4第15項及び16項は,適用年の前年において事業を営んでいた期間の月数と適用年において事業を営んでいた期間の月数が異なる場合や承継事業を相続により承継した場合における比較雇用者給与等支給額の調整計算についての規定ですが,この調整計算を行う場合において,給与等の支給額の計算の基礎となる給与等に充てるための雇用安定助成金額があるときは,その給与等の支給額から雇用安定助成金額を控除して

からこの調整計算をすることとされています（措令5の6の4⑰）。

8　調整雇用者給与等支給増加額

　措置法10条の5の4第3項3号は、調整雇用者給与等支給増加額を次のイに掲げる金額からロに掲げる金額を控除した金額をいうと規定しています。
イ　雇用者給与等支給額（当該雇用者給与等支給額の計算の基礎となる給与等に充てるための雇用安定助成金額がある場合には、当該雇用安定助成金額を控除した金額）
ロ　比較雇用者給与等支給額（当該比較雇用者給与等支給額の計算の基礎となる給与等に充てるための雇用安定助成金額がある場合には、当該雇用安定助成金額を控除した金額）

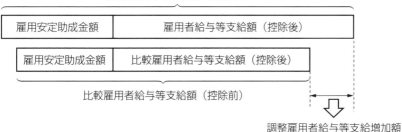

9　控除対象新規雇用者給与等支給額

　措置法10条の5の4第3項3号は、「控除対象新規雇用者給与等支給額」を、個人の各年分の事業所得の金額の計算上必要経費に算入される国内新規雇用者に対する給与等の支給額（その給与等に充てるため他の者（その個人が非居住者である場合の所得税法161条1項1号に規定する事業場等を含む。）から支払を受ける金額がある場合には、当該金額を控除した金額）のうち当該個

人の当該適用年の調整雇用者給与等支給増加額に達するまでの金額をいうと規定しています。

10 控除対象雇用者給与等支給増加額

措置法10条の5の4第3項11号は、「控除対象雇用者給与等支給増加額」を中小事業者の雇用者給与等支給額から当該中小事業者の比較雇用者給与等支給額を控除した金額（当該金額が当該中小事業者の適用年度の調整雇用者給与等支給増加額を超える場合には、当該調整雇用者給与等支給増加額）をいうと規定しています。

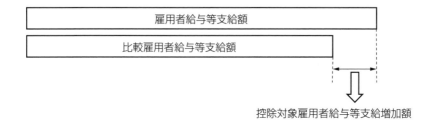

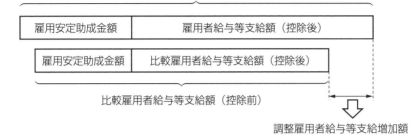
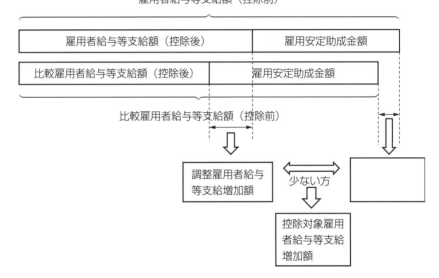

（計算のフローチャート）

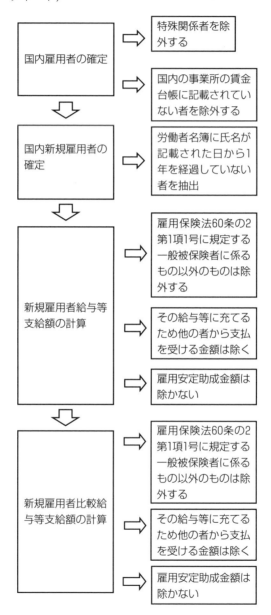

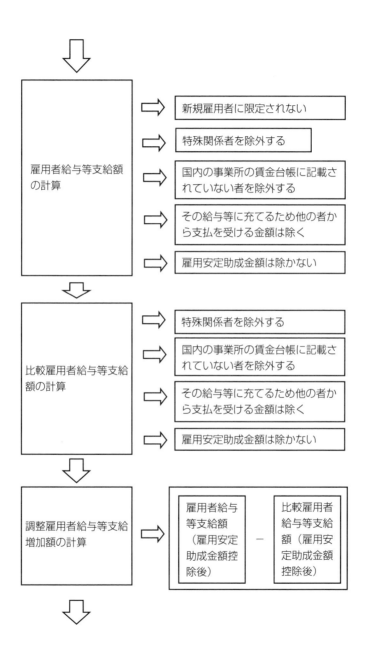

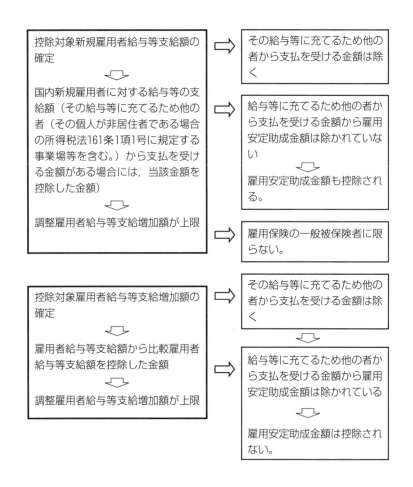

11 教育訓練費

　措置法10条の5の4第3項6号は,「教育訓練費」を,国内雇用者の職務に必要な技術又は知識を習得させ,又は向上させるために支出する費用で政令で定めるものをいうと規定しています。その教育訓練費に充てるため他の者(その個人が非居住者である場合の所得税法161条1項1号に規定する事業場等を含む。)から支払を受ける金額がある場合には当該金額を控除した後の金

額をいいます（措法10の4の5①二，②二イ，③七）。

> ※　教育訓練の対象は国内雇用者であり，国内の事業所において新たに雇用した者に限定されませんが，内定者等の採用予定者は対象になりません。
> ※　個人の所有する研修に利用する施設等の水道光熱費等，維持管理費用，改修費，修繕費，減価償却費等は含まれません。
> 　研修施設を新たに取得した場合の当該取得費も教育訓練費には含まれません。
> 　また，テキスト等の教材費も含まれません。
> ※　福利厚生目的など教育訓練以外の目的のものは含まれません。

　措置法施行令5条の6の4第10項は，「教育訓練費」を次のとおり定めています。

①　個人がその国内雇用者に対して，教育，訓練，研修，講習その他これらに類するもの（教育訓練等）を自ら行う場合

　イ　教育訓練等のために講師又は指導者（当該個人の使用人である者を除く。）に対して支払う報酬その他の財務省令で定める費用

　　※　措置法施行規則5条の12第4項

　　　措置法施行令5条の6の3の2第10項1号イに規定する財務省令で定める費用は，同号に規定する教育訓練等のために同号イに規定する講師又は指導者（講師等）に対して支払う報酬，料金，謝金その他これらに類するもの及び講師等の旅費（教育訓練等を行うために要するものに限る。）のうち当該個人が負担するもの並びに教育訓練等に関する計画又は内容の作成について当該教育訓練等に関する専門的知識を有する者（当該個人の使用人である者を除く。）に委託している場合の当該専門的知識を有する者に対して支払う委託費その他これに類するものとする。

　　　講義・指導等の内容は，大学等の教授等による座学研修や専門知識の伝授のほか，技術指導員等による技術・技能の現場指導などを行う場合も対象となります。

　　　招聘する外部講師等は，当該個人の使用人以外の者でなければなりませんが，当該個人の関連会社等のグループ企業の役員又は使用人でもかまい

ません。

　外部の専門家・技術者に対し，契約により，継続的に講義・指導等の実施を依頼する場合の費用も対象になります。

　外部講師等の個人に対して報酬等を直接支払う場合に限らず，法人から講師等の派遣を受けその対価をその法人に支払う場合の費用も対象となります。

　講義・指導等の対価として支払う報酬等に限らず，当該個人が負担する外部講師等の招聘に要する費用（交通費，旅費，宿泊費，食費等）も対象となります。

　また，教育訓練等に関する計画や内容の作成について，外部の専門的知識を有する者に委託する費用も対象になります。

　個人事業者の教育訓練担当部署が，教育訓練プログラム等を作成するための内部検討資料として書籍を購入した場合の書籍購入費用は教育訓練費には含まれません。

ロ　教育訓練等のために施設，設備その他の資産を賃借する費用その他これに類する財務省令で定める費用

※　措置法施行規則5条の12第5項

　　措置法施行令5条の6の3の2第10項1号ロに規定する財務省令で定める費用は，コンテンツ（文字，図形，色彩，音声，動作若しくは映像又はこれらを組み合わせたもの。）の使用料（コンテンツの取得に要する費用を除く。）とする。

※　当該個人の関連会社等のグループ企業の所有する施設等を賃借する場合も対象になります。

※　その施設等が普段は生産等の企業活動に用いられている場合であっても，賃借して使用する者が，教育訓練等を行うために賃借等する場合は，対象になります。

※　施設・備品等の賃借又は使用の対価として支払う費用（使用料，利用料，賃借料，借上料，レンタル料，リース料）が対象になります。教育

訓練等のために使用されている契約期間であれば，その実際の契約期間に制約されません。

・　施設の例：研修施設，会議室，実習室等

・　設備の例：教育訓練用シミュレーター設備等

・　器具・備品の例：OHP，プロジェクター，ホワイトボード，パソコン等

・　コンテンツの例：コンテンツ DVD，e-ラーニング内のコンテンツ

※　教材の購入・製作に要する費用（教材となるソフトウェアやコンテンツの開発費を含む。）は対象となりませんが，他の者に委託して教育訓練等を行わせる場合の委託費の中に，教材の購入・製作に要する費用が含まれているような場合は対象となります。

② 個人から委託を受けた他の者（当該個人が非居住者である場合の所得税法161 条 1 項 1 号に規定する事業場等を含む。）が教育訓練等を行う場合

当該教育訓練等を行うために当該他の者に対して支払う費用

※　事業として教育訓練を行っている外部教育機関（民間教育会社，公共職業訓練機関，商工会議所等）に限らず，これら以外の一般企業も対象になり，また，当該個人の関連会社等グループ内の教育機関，一般企業も対象になります。

③ 個人がその国内雇用者を他の者が行う教育訓練等に参加させる場合

当該他の者に対して支払う授業料その他の財務省令で定める費用

※　措置法施行規則 5 条の 12 第 6 項

措置法施行令 5 条の 6 の 3 の 2 第 10 項 3 号に規定する財務省令で定める費用は，授業料，受講料，受験手数料その他同号の他の者が行う教育訓練等に対する対価として支払うものとする。

※　事業主がその国内雇用者を他の者が行う教育訓練等（研修講座，講習会，研修セミナー，技術指導等）に参加させる費用が典型的なものです。

※　事業主が直接又は国内雇用者を通じて間接的に他の者に支払う費用が対象になりますが，当該国内雇用者が費用の一部を負担する場合には，その

負担された金額は教育訓練費の額から控除します。

※　他の者が行う教育訓練等に対する対価として当該他の者に支払う授業料，受講料，参加料，指導料等，通信教育に係る費用等が対象になり，研修講座等の一環で資格試験が行われる場合に負担する受験手数料も対象とされているほか，研修講座等で使用する教科書代などの教材費が対価に含まれている場合も，その全額が対象になるものと考えられます。

　　ただし，直接的な費用ではない大学等への寄附金，保険料や教育訓練費等に関連する国内雇用者の旅費，交通費，食費，宿泊費，住居費（研修の参加に必要な交通費やホテル代，海外留学時の住居費等）は他の者に支払うものであっても対象とはなりません。また，学資金も対象になりません。

※　組合がその組合員である個人の国内雇用者に対して教育訓練等を実施する場合に徴収する賦課金は対象となりませんが，組合が主催する研修セミナー等に国内雇用者を参加させる場合の対価として支払われる費用は，対象になるものと考えられます。

※　教育訓練等に参加させる国内雇用者のその参加期間中の給与や参加に伴う報奨金については，教育訓練費には該当しません。

　　また，教育訓練に参加した使用人が資格を取得した場合に事業主が使用人に支払う報奨金も教育訓練費には該当しません。

※　事業主がその国内雇用者を国内外の大学院コース等に参加させる場合に大学院等に支払う授業料等の聴講に要する費用，教科書等の費用も対象になりますが，使用人が個人として負担すべき費用を事業主が肩代わりしているものとして，所得税法上給与所得に該当するものは対象になりません。

※　教育訓練担当部署（人事部，研修部等）に勤務する従業員に支払った給与等の人件費も，教育訓練費には該当しません。

12　比較教育訓練費

措置法10条の5の4第3項7号は，「比較教育訓練費の額」を個人の適用

年の前年分の事業所得の金額の計算上必要経費に算入される教育訓練費の額をいうと規定しています。

当該個人が適用年の前年において事業を開始した場合には、当該前年の教育訓練費の額に12を乗じてこれを当該適用年の前年において事業を営んでいた期間の月数で除して計算した金額になります。

この場合に、月数は、暦に従って計算し、1月に満たない端数を生じたときは、これを1月とすることとされています（措法10の5の4④）。

改正後の「比較教育訓練費の額」の計算は、改正前の「中小企業比較教育訓練費の額」の計算と同じです。

また、適用対象者が承継事業を相続により承継した場合における比較教育訓練費の額の計算は、新規雇用者比較給与等支給額の場合と同様の調整を行うこととされています（措令5の6の4⑫）。

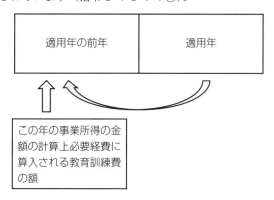

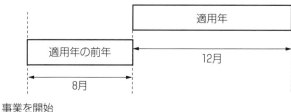

$$比較教育訓練費の額＝A× \frac{12}{8}$$

13 中小事業者

「中小事業者」とは，措置法10条8項6号に規定する中小事業者で青色申告書を提出するものをいいます（措置法10条の5の4第2項）。

措置法10条8項6号は，「中小事業者」を，中小事業者に該当する個人として政令で定めるものをいうと規定し，措置法施行令5条の3第10項は，措置法10条8項6号に規定する政令で定めるものは，常時使用する従業員の数が1,000人以下の個人とすると規定しています。

また，措置法通達10の5の4-1は，個人が措置法10条の5の4第2項に規定する中小事業者に該当するかどうかは，その年12月31日の現況によって判定するものと定めています。

- 中小事業者は，常時使用する従業員の数が1,000人以下の青色申告者である。
- 該当するかどうかは，その年12月31日の現況によって判定する。

14 調整前事業所得税額

措置法10条の5の4第1項は，「調整前事業所得税額」を措置法10条8項4号に規定する調整前事業所得税額をいうと規定しています。

措置法10条8項4号は，「調整前事業所得税額」を事業所得の金額に係る所得税として政令で定める金額をいうと規定し，措置法施行令5条の3第8項は措置法10条8項4号に規定する所得税の額を，その年分の総所得金額に係る所得税の額に利子所得の金額，配当所得の金額，不動産所得の金額，事業所得の金額，給与所得の金額（措置法41条の3の3第1項又は2項の規定の適用

がある場合には，当該給与所得の金額からこれらの規定による控除をした残額），譲渡所得の金額（所得税法 33 条 3 項 2 号に掲げる所得に係る部分については，その金額の 2 分の 1 に相当する金額），一時所得の金額の 2 分の 1 に相当する金額及び雑所得の金額の合計額のうちに事業所得の金額の占める割合を乗じて計算した金額とすると規定しています。

　ここでいう「総所得金額に係る所得税の額」は，次の各規定を適用しないで計算したものをいいます。

① 措置法 10 条 1 項，4 項，7 項（試験研究を行った場合の所得税額の特別控除）

② 同法 10 条の 3 第 3 項，4 項（中小事業者が機械等を取得した場合の特別償却又は所得税額の特別控除）

③ 同法 10 条の 4 第 3 項（地域経済牽引事業の促進区域内において特定事業用機械等を取得した場合の特別償却又は所得税の特別控除）

④ 同法 10 条の 4 の 2 第 3 項（地方活力向上地域等において特定建物等を取得した場合の特別償却又は所得税額の特別控除）

⑤ 同法 10 条の 5 第 1 項，2 項（地方活力向上地域等において雇用者の数が増加した場合の所得税額の特別控除）

⑥ 同法 10 条の 5 の 3 第 3 項，4 項（特定中小事業者が特定経営力向上設備等を取得した場合の特別償却又は所得税額の特別控除）

⑦ 同法 10 条の 5 の 4 第 1 項，2 項（給与等の支給額が増加した場合の所得税額の特別控除）

⑧ 同法 10 条の 5 の 5 第 3 項（認定特定高度情報通信技術活用設備を取得した場合の特別償却又は所得税額の特別控除）

⑨ 同法 10 条の 5 の 6 第 7 項から 9 項まで（事業適応設備を取得した場合等の特別償却又は所得税額の特別控除）

⑩ 同法 41 条 1 項（住宅借入金等を有する場合の所得税額の特別控除）

⑪ 同法 41 条の 18 第 2 項（政治活動に関する寄附をした場合の寄附金控除の特例又は所得税額の特別控除）

⑫　同法41条の18の2第2項（認定特定非営利活動法人等に寄附をした場合の寄附金控除の特例又は所得税額の特別控除）

⑬　同法41条の18の3第1項（公益社団法人等に寄附をした場合の所得税額の特別控除）

⑭　同法41条の19の2第1項（既存住宅の耐震改修をした場合の所得税額の特別控除）

⑮　同法41条の19の3第1項，3項，5項から8項まで（既存住宅に係る特定の改修工事をした場合の所得税額の特別控除）

⑯　同法41条の19の4第1項，3項（認定住宅の新築等をした場合の所得税額の特別控除）

⑰　所得税法93条（分配時調整外国税相当額控除）

⑱　同法95条（外国税額控除）

⑲　同法165条の5の3（非居住者に係る分配時調整外国税相当額の控除）

⑳　同法165条の6（非居住者に係る外国税額の控除）

$$\text{調整前事業所得税額} = \boxed{\text{総所得金額に係る所得税の額}} \times \frac{\text{事業所得の金額}}{\boxed{\begin{array}{l}\text{利子所得の金額，配当所得の金額，不動産所得の金}\\\text{額，事業所得の金額，給与所得の金額（措置法41条}\\\text{の3の3第1項又は2項の規定の適用がある場合に}\\\text{は，当該給与所得の金額からこれらの規定による控}\\\text{除をした残額），譲渡所得の金額（所得税法33条3}\\\text{項2号に掲げる所得に係る部分については，その金}\\\text{額の2分の1に相当する金額），一時所得の金額の2}\\\text{分の1に相当する金額及び雑所得の金額の合計額}\end{array}}}$$

Ⅳ 措置法10条の5（地方活力向上地域等において雇用者の数が増加した場合の所得税額の特別控除）の規定の適用を受ける場合の税額控除額の計算

措置法10条の5の4第1項の規定する税額控除は控除対象新規雇用者給与等支給額の15％あるいは20％が税額控除の金額となり，措置法10条の5の4第2項の規定する税額控除は控除対象雇用者給与等支給増加額の15％あるいは25％が税額控除の金額となりますが，いずれの場合にも，措置法10条の5の規定の適用を受ける場合には，15％，20％，25％の割合を乗ずる「控除対象新規雇用者給与等支給額」及び「控除対象雇用者給与等支給増加額」は，「控除対象新規雇用者給与等支給額から措置法10条の5の規定による控除を受ける金額の計算の基礎となった者に対する給与等の支給額として政令（措令5の6の4②）で定めるところにより計算した金額を控除した残額」，「控除対象雇用者給与等支給増加額から措置法10条の5の規定による控除を受ける金額の計算の基礎となった者に対する給与等の支給額として政令（措令5の6の4④）で定めるところにより計算した金額を控除した残額」になります。

1 措置法10条の5の4第1項の場合

措置法10条の5の4第1項の場合の「政令で定めるところにより計算した金額」は，適用年に係る同条3項3号イに規定する雇用者給与等支給額を適用年の12月31日における措置法10条の5第3項3号に規定する雇用者の数で除して計算した金額に次の(1)及び(2)の数を合計した数（当該合計した数が地方事業所基準雇用者数（同条1項2号イに規定する地方事業所基準雇用者数をいう。）を超える場合には地方事業所基準雇用者数）を乗じて計算した金額の20％に相当する金額です。

※　措置法10条の5の4第3項3号イに規定する雇用者給与等支給額

措置法10条の5の4第3項3号イに規定する「雇用者給与等支給額」というのは、「雇用者給与等支給額」から「当該雇用者給与等支給額」の計算の基礎となる給与等に充てるための雇用安定助成金額（国又は地方公共団体から受ける雇用保険法62条1項1号に掲げる事業として支給が行われる助成金その他これに類するものをいう。）がある場合には当該雇用安定助成金額を控除した金額をいいます（措置法10条の5の4第3項3号イ）。

　そして、措置法10条の5の4第3項における「雇用者給与等支給額」というのは、「個人の適用年の事業所得の金額の計算上必要経費に算入される国内雇用者に対する給与等の支給額」をいい（同項9号）、同項9号にいう「給与等の支給額」というのは、その給与等に充てるため他の者から支払を受ける金額（雇用安定助成金額を除く。）がある場合には、当該金額を控除した金額をいいます（同項4号）。

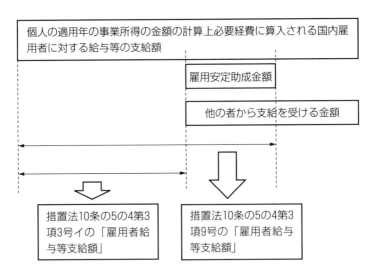

※　雇用者

　ここでいう「雇用者」とは、措置法10条の5第3項3号に規定する雇用者をいうので、個人の使用人のうち一般被保険者（雇用保険法60条の2第1項に規定する一般被保険者をいいます。）に該当するものをいいます。そして、使用人から、その個人と特殊の関係のある者を除くこととされています。

（1） 適用年において措置法 10 条の 5 第 1 項の規定の適用を受ける場合
　におけるその適用年の特定新規雇用者基礎数
　　すなわち，適用年における措置法 10 条の 5 第 1 項の規定の適用に
　よる税額控除限度額の計算の基礎となった雇用者の数です。

※　特定新規雇用者基礎数
　　特定新規雇用者基礎数とは，措置法 10 条の 5 第 1 項 2 号イに規定する特
　定新規雇用者基礎数をいいます。
　　すなわち，適用年の地方事業所基準雇用者数（措法 10 の 5 ③六）（地方事
　業所基準雇用者数が基準雇用者数を超える場合には基準雇用者数）のうち適
　用年の特定新規雇用者数（措法 10 の 5 ③八）に達するまでの数をいいます。

※　措置法 10 条の 5 第 1 項 2 号イに規定する地方事業所基準雇用者数
　　措置法 10 条の 5 第 3 項 6 号は，「地方事業所基準雇用者数」を，適用年の
　前々年から適用年の 12 月 31 日までの間に地方活力向上地域等特定業務施設
　整備計画について計画の認定を受けた個人の当該計画の認定に係る特定業
　務施設（適用対象特定業務施設）のみを当該個人の事業所とみなした場合に
　おける基準雇用者数として政令で定めるところにより証明がされた数をい
　うと規定しています。
　　「措置法 10 条の 5 第 1 項 2 号イに規定する地方事業所基準雇用者数」は，当
　該地方事業所基準雇用者数が適用年の基準雇用者数を超える場合には，基準
　雇用者数をいうことになります。

※　基準雇用者数
　　措置法 10 条の 5 第 3 項 5 号は，「基準雇用者数」を，適用年の 12 月 31 日
　における雇用者の数から当該適用年の前年の 12 月 31 日における雇用者（適
　用年の 12 月 31 日において高年齢雇用者（同項 4 号）に該当する者を除く。）
　の数を減算した数をいうと規定しています。

※　特定新規雇用者数
　　措置法 10 条の 5 第 3 項 8 号は，「特定新規雇用者数」を，適用対象特定業
　務施設において適用年に新たに雇用された特定雇用者（同項 7 号）で当該適
　用年の 12 月 31 日において当該適用対象特定業務施設に勤務するものの数と
　して政令で定めるところにより証明がされた数をいうと規定しています。

※　特定雇用者
　　措置法 10 条の 5 第 3 項 7 号は，「特定雇用者」を次に掲げる要件を満たす

第 2 部　所得税編

② 所得拡大促進税制（令和 4 年分から令和 5 年までの各年分）

269

雇用者をいうと規定しています。
① その個人との間で労働契約法 17 条 1 項に規定する有期労働契約以外の労働契約を締結していること
② 短時間労働者及び有期雇用労働者の雇用管理の改善等に関する法律 2 条 1 項に規定する短時間労働者でないこと

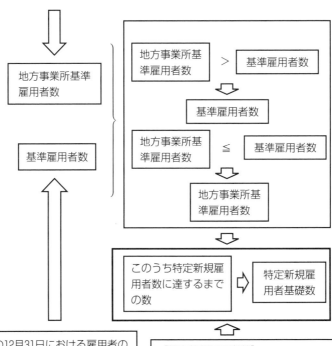

(2)　当該個人が当該適用年において措置法 10 条の 5 第 2 項の規定の適
　　用を受ける場合における当該適用年の同条 1 項 2 号ロに規定する基
　　準雇用者数として政令で定めるところにより証明がされた数のうち
　　同号ロに規定する総数として政令で定めるところにより証明がされ
　　た数に達するまでの数から同項の規定の適用を受ける場合における
　　当該適用年の特定新規雇用者基礎数のうち同号イに規定する移転型
　　特定新規雇用者数に達するまでの数を控除した数

　※　措置法 10 条の 5 第 1 項 2 号ロに規定する基準雇用者数として政令で定め
　　るところにより証明がされた数

　　　措置法施行令 5 条の 6 第 5 項は，措置法 10 条の 5 第 1 項 2 号ロに規定す
　　る基準雇用者数として政令で定めるところにより証明がされた数は，移転型
　　特定業務施設のみを同号ロの個人の事業所とみなした場合における適用年
　　の基準雇用者数の計算の基礎となる雇用者（同条 3 項 3 号に規定する雇用者
　　をいう。）の数について記載された財務省令で定める書類を確定申告書等に
　　添付することにより証明がされた当該基準雇用者数とすると規定していま
　　す。

　※　措置法 10 条の 5 第 1 項 2 号ロに規定する総数として政令で定めるところ
　　により証明がされた数

　　　措置法施行令 5 条の 6 第 6 項は，措置法 10 条の 5 第 1 項 2 号ロに規定す
　　る総数として政令で定めるところにより証明された数は，移転型特定業務施
　　設において適用年に新たに雇用された雇用者で当該適用年の 12 月 31 日にお
　　いて当該移転型特定業務施設に勤務するものの総数について記載された財
　　務省令で定める書類を確定申告書等に添付することにより証明された当該
　　雇用者の総数とすると規定しています。

　※　移転型特定業務施設

　　　「移転型特定業務施設」とは，適用年の前々年の 1 月 1 日から適用年の 12
　　月 31 日までの間に地方活力向上地域等特定業務施設整備計画（地域再生法
　　17 条の 2 第 1 項 1 号に掲げる事業に関するものに限る。）について計画の認
　　定を受けた当該個人の当該計画の認定に係る特定業務施設（措置法 10 条の 5
　　第 3 項 2 号）をいいます（措置法施行令 5 の 6 第 4 項，措置法 10 条の 5 第 1
　　項 2 号イ）。

　※　移転型特定新規雇用者数

「移転型特定新規雇用者数」とは、移転型特定業務施設において適用年に新たに雇用された特定雇用者で当該適用年の12月31日において当該移転型特定業務施設に勤務するものの数として政令で定めるところにより証明がされた数をいいます（措置法10条の5第1項2号イ）。

移転型特定業務施設のみを措置法10条の5第1項2号ロの個人の事業所とみなした場合における適用年の基準雇用者数の計算の基礎となる雇用者の数について記載された財務省令で定める書類を確定申告書等に添付することにより証明がされた当該基準雇用者数

措置法10条の5第1項2号ロに規定する基準雇用者数として政令で定めるところにより証明がされた数 （A）
措置法10条の5第1項2号ロに規定する総数として政令で定めるところにより証明がされた数 （B）

AのうちBに達するまでの数

A＞Bの場合 B

A≦Bの場合 A

ここから（I）の数を控除する。

移転型特定業務施設において適用年に新たに雇用された雇用者で当該適用年の12月31日において当該移転型特定業務施設に勤務するものの総数について記載された財務省令で定める書類を確定申告書等に添付することにより証明がされた当該雇用者の総数

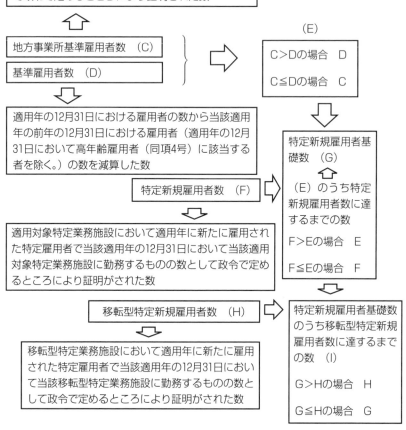

2 措置法10条の5の4第2項の場合

措置法10条の5の4第2項の場合の「政令で定めるところにより計算した

金額」は，適用年に係る同条3項3号イに規定する雇用者給与等支給額を適用年の12月31日における措置法10条の5第3項3号に規定する雇用者の数で除して計算した金額に，次の(1)及び(2)に掲げる数を合計した数（当該合計した数が地方事業所基準雇用者数を超える場合には地方事業所基準雇用者数）を乗じて計算した金額の20％に相当する金額です。

(1) 適用年の特定新規雇用者基礎数と地方事業所基準雇用者数から新規雇用者総数を控除した数とを合計した数

　　※　新規雇用者総数
　　　「新規雇用者総数」とは，適用対象特定業務施設において適用年に新たに雇用された雇用者で当該適用年の12月31日において当該適用対象特定業務施設に勤務するものの総数として政令で定めるところに証明がされた数をいいます（措置法10条の5第3項9号）。

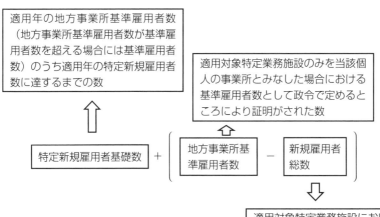

(2)　当該個人が当該適用年において措置法 10 条の 5 第 2 項の規定の適
　　　用を受ける場合における当該適用年の措置法 10 条の 5 第 1 項 2 号ロ
　　　に規定する基準雇用者数として政令で定めるところにより証明がさ
　　　れた数から特定新規雇用者基礎数のうち移転型特定新規雇用者数に
　　　達するまでの数と地方事業所基準雇用者数から新規雇用者総数を控
　　　除した数のうち同条 1 項 2 号ロに規定する移転型非新規雇用者数に
　　　達するまでの数とを合計した数を控除した数

> ※　移転型非新規雇用者数
> 　「移転型非新規雇用者数」は，移転型特定業務施設のみを当該個人の事業
> 所とみなした場合における当該適用年の基準雇用者数として政令で定める
> ところにより証明がされた数から移転型特定業務施設において当該適用年
> に新たに雇用された雇用者で当該適用年の 12 月 31 日において当該移転型特
> 定業務施設に勤務するものの総数として政令で定めるところにより証明が
> された数を控除した数をいいます（措置法 10 条の 5 第 1 項 2 号ロ）。

| 基準雇用者数として政令で定めるところにより証明がされた数 | − | 特定新規雇用者基礎数のうち移転型特定新規雇用者数に達するまでの数 | + | 地方事業所基準雇用者数から新規雇用者総数を控除した数のうち移転型非新規雇用者数に達するまでの数 |

Ⅴ 手続的要件

1 他の税制措置との適用関係

以下の制度とは選択適用になります。

・ 復興産業集積区域において被災雇用者等を雇用した場合の所得税額の特
別控除制度

・ 避難解除区域等において避難対象雇用者等を雇用した場合の所得税額の
特別控除制度

・ 企業立地促進区域において避難対象雇用者等を雇用した場合の所得税額
の特別控除制度

2 添付書類

ア この制度の適用を受けるためには，確定申告書（この制度により控除を受
ける金額を増加させる修正申告書又は更正請求書を提出する場合には，当該
修正申告書又は更正請求書を含む。）に控除の対象となる控除対象新規雇用
者給与等支給額又は控除対象雇用者給与等支給増加額，控除を受ける金額及
び当該金額の計算に関する明細を記載した書類の添付が要件になります。

この場合において，控除される金額の計算の基礎となる控除対象新規雇用
者給与等支給額又は控除対象雇用者給与等支給増加額は，確定申告書に添付
された書類に記載された控除対象新規雇用者給与等支給額又は控除対象雇用
者給与等支給増加額が限度となります（措置法 10 条の 5 の 4 第 5 項）。

　※ 確定申告書
　　所得税法第 2 編第 5 章第 2 節第 1 款及び第 2 款（確定申告）（第 166 にお

いて準用する場合を含む。）の規定による申告書（当該申告書に係る期限後申告書を含む。）をいいます（措置法2条1項10号，所得税法2条1項37号）。

　措置法10条の5の4第1項を適用する場合には，「控除対象新規雇用者給与等支給額」に15％あるいは20％を乗じて税額控除の金額を算出します。

　また，措置法10条の5の4第2項を適用する場合には，「控除対象雇用者給与等支給増加額」に15％あるいは25％を乗じて税額控除の金額を算出します。

　この「控除対象新規雇用者給与等支給額」及び「控除対象雇用者給与等支給増加額」については，確定申告書に添付された書類に記載された「控除対象新規雇用者給与等支給額」又は「控除対象雇用者給与等支給増加額」が限度になり，ここでいう「確定申告書」には，「修正申告書」及び「更正請求書」は含まれず，「期限後申告書」は含まれます。

　換言すると，「控除対象新規雇用者給与等支給額」又は「控除対象雇用者給与等支給増加額」について，少なく誤って確定申告書を作成し申告してしまった場合には，これらの金額を増額し正しい金額で税額控除を計算し直して更正の請求及び修正申告をすることはできないということです。

　一方，措置法10条の5の4第1項を適用する場合も，同条2項を適用する場合も，税額控除の金額は，調整前事業所得税額の20％に相当する金額が上限とされています。調整前事業所得税額が変動し（例えば，税務調査で，事業所得の金額が増加したような場合）結果として税額控除の金額が変動するという場合がありますが，このような場合には，確定申告に添付された書類に記載された「控除対象新規雇用者給与等支給額」又は「控除対象雇用者給与等支給増加額」を動かさない範囲で，納付すべき所得税額を再計算して修正申告や更正の請求をすることはできるということなります。

　この場合には，確定申告書，修正申告書，更正請求書に控除の対象となる控除対象新規雇用者給与等支給額又は控除対象雇用者給与等支給増加額，控除を受ける金額及び当該金額の計算に関する明細を記載した書類の添付が必要であ

るということになります。

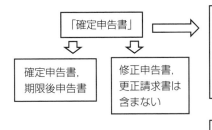

イ 措置法10条の5の4第1項2号又は2項2号イに掲げる要件を満たすものとして同条1項又は2項の規定の適用を受ける場合には、これらの規定の適用を受ける年分の確定申告書に措置法施行令5条の6の4第10項各号に定める費用の明細を記載した書類として財務省令で定める書類を添付しなければならないこととされています（措令5の6の4⑪）。

措置法施行規則5条の12第7項は、措置法施行令5条の6の3の2第11項に規定する財務省令で定める書類は、措置法10条の5の4第1項又は第2項の規定の適用を受けようとする年分の事業所得の金額の計算上必要経費に算入される同条1項2号に規定する教育訓練費の額及びその年における同条3項7号に規定する比較教育訓練費の額に関する次に掲げる事項を記載した書類とすると規定しています。

　1号　措置法施行令5条の6の3の2第10項各号に定める費用に係る教育訓練等の実施時期
　2号　当該教育訓練等の内容
　3号　当該教育訓練等の対象となる措置法10条の5の4第3項8号に規定する国内雇用者の氏名

4号　その費用を支出した年月日，内容及び金額並びに相手先の氏名又は
　　　名称

※　1号，2号及び4号は，該当性の判定のために特定，突合ができる程度（例
えば，実施時期であれば月まで等）で十分であると考えられます。
　　また，3号は，教育訓練等を受ける予定者の氏名又は実際に受けた者の氏
名等を記載します。
　　明細書の様式は定められていません。

3　適用除外

　事業を開始した年分及び事業を廃止した年分については，本制度は適用でき
ません（措置法10条の5の4第1項，2項）。

Ⅵ 適用関係及び経過措置

1 適用関係

　改正措置法は，令和4年分以後の所得税について適用し，令和3年分以前の所得税については，従前どおりとされています（改正措置法附則30）。

2 経過措置

　改正後の措置法10条の5の4第1項の規定と令和2年改正前の措置法第10条の5の規定（地方活力向上地域等において雇用者の数が増加した場合の所得税額の特別控除制度）の両方の適用を受ける場合における控除対象新規雇用者給与等支給額から控除する金額について，改正後の措置法10条の5の4第1項の規定に代えて，適用年に係る雇用者給与等支給額をその適用年の12月31日における雇用者の数で除して計算した金額に，次の①及び②の数を合計した数を乗じて計算した金額の20％に相当する金額とされています（改正措令附則7①）。

　この場合において，次の①及び②の数を合計した数が地方事業所基準雇用者数を超えるときは，地方事業所基準雇用者数を乗じて計算した金額の20％に相当する金額が控除対象新規雇用者給与等支給額から控除すべき金額となります。

① 　適用対象者が適用年において令和2年改正前の措置法10条の5第1項の規定の適用を受ける場合における次の数を合計した数（改正措令附則7①一）

　イ　その適用年の特定新規雇用者基礎数

　ロ　その適用年の新規雇用者総数からその適用年の特定新規雇用者数を控除

281

した数のうちその新規雇用者総数の 40 ％に相当する数（その数に 1 に満たない端数があるときは，これを切り捨てた数）に達するまでの数
② 適用対象者が適用年において令和 2 年改正前の措置法 10 条の 5 第 2 項の規定の適用を受ける場合におけるその適用年の移転型基準雇用者数のうち移転型新規雇用者総数に達するまでの数から同条第 1 項の規定の適用を受ける場合におけるその適用年の次の数を合計した数を控除した数（改正措令附則 7 ①二）
　イ 特定新規雇用者基礎数のうち移転型特定新規雇用者数に達するまでの数
　ロ 新規雇用者総数の 40 ％に相当する数のうち移転型非特定新規雇用者数に達するまでの数
　　ただし，40 ％に相当する数が非特定新規雇用者数を超える場合には，その非特定新規雇用者数のうち移転型非特定新規雇用者数に達するまでの数とされています。

※ 雇用者
「雇用者」とは，「令和 2 年改正前の措置法 10 条の 5 第 3 項 3 号に規定する雇用者」とされていることから，個人の使用人のうち一般被保険者に該当するものとなります。
使用人からは，その個人と特殊の関係のある者を除くこととされています（令和 2 年改正前の措法 10 の 5 ③三）。

※ 地方事業所基準雇用者数
「地方事業所基準雇用者数」とは，令和 2 年改正前の措置法 10 条の 5 第 1 項 2 号イ(1)に規定する地方事業所基準雇用者数，すなわち，適用年の前々年の 1 月 1 日からその適用年の 12 月 31 日までの間に地方活力向上地域等特定業務施設整備計画について計画の認定を受けた個人のその計画の認定に係る特定業務施設（適用対象特定業務施設）のみをその個人の事業所とみなした場合における基準雇用者数として証明がされた数をいいます（令和 2 年改正前の措法 10 の 5 ③六）が，その適用年の基準雇用者数を超える場合には，基準雇用者数とされます。

※ 特定新規雇用者基礎数
「特定新規雇用者基礎数」とは，令和 2 年改正前の措置法 10 条の 5 第 1 項 2 号イ(1)に規定する特定新規雇用者基礎数，すなわち，適用対象者の適用年

の地方事業所基準雇用者数のうちその適用年の特定新規雇用者数に達するまでの数をいいます。

　また，特定新規雇用者数は，適用対象特定業務施設において適用年に新たに雇用された特定雇用者でその適用年の 12 月 31 日においてその適用対象特定業務施設に勤務するものの数として証明がされた数とされています（令和 2 年改正前の措法 10 の 5 ③八）。

※　新規雇用者総数

　「新規雇用者総数」とは，令和 2 年改正前の措置法 10 条の 5 第 1 項第 2 号イ(2)に規定する新規雇用者総数，すなわち，適用対象特定業務施設において適用年に新たに雇用された雇用者でその適用年の 12 月 31 日においてその適用対象特定業務施設に勤務するものの総数として証明がされた数をいいます（令和 2 年改正前の措法 10 の 5 ③九）が，その適用年の地方事業所基準雇用者数を超える場合には，地方事業所基準雇用者数とされています。

※　移転型基準雇用者数

　「移転型基準雇用者数」とは，令和 2 年改正前の措置法 10 条の 5 第 1 項 2 号ロ(2)に規定する基準雇用者数として政令で定めるところにより証明がされた数，すなわち，移転型特定業務施設のみを適用対象者の事業所とみなした場合におけるその適用年の基準雇用者数として証明がされた数をいいます。

※　移転型特定業務施設

　移転型特定業務施設とは，適用年の前々年の 1 月 1 日からその適用年の 12 月 31 日までの間に移転型の地方活力向上地域等特定業務施設整備計画について計画の認定を受けたその適用対象者のその計画の認定に係る特定業務施設をいいます（令和 2 年改正前の措法 10 の 5 ①二ロ(1)）。

※　移転型新規雇用者総数

　「移転型新規雇用者総数」とは，令和 2 年改正前の措置法 10 条の 5 第 11 項 2 号ロ(2)に規定する移転型新規雇用者総数，すなわち，移転型特定業務施設においてその適用年に新たに雇用された雇用者でその適用年の 12 月 31 日においてその移転型特定業務施設に勤務するものの総数として証明がされた数をいいます。

※　移転型特定新規雇用者数

　「移転型特定新規雇用者数」とは，令和 2 年改正前の措置法 10 条の 5 第 1 項 2 号ロ(1)に規定する移転型特定新規雇用者数，すなわち，移転型特定業務

施設においてその適用年に新たに雇用された特定雇用者でその適用年の12
月31日においてその移転型特定業務施設に勤務するものの数として証明が
された数をいいます。

※　移転型非特定新規雇用者数

　　「移転型非特定新規雇用者数」とは，令和2年改正前の措置法10条の5第
1項2号ロ(2)に規定する移転型非特定新規雇用者数，すなわち，移転型新規
雇用者総数から移転型特定新規雇用者数を控除した数のうち非特定新規雇
用者数に達するまでの数をいいます。

※　非特定新規雇用者数

　　「非特定新規雇用者数」とは，令和2年改正前の措置法10条の5第1項2
号イ(2)に規定する非特定新規雇用者数，すなわち，新規雇用者総数からその適
用年の特定新規雇用者数を控除した数をいいます。

法人税編　索引

あ

一般被保険者 ······ 16, 18, 37, 39, 58, 142
移転型基準雇用者数 ····················· 112
移転型新規雇用者総数 ··················· 112
移転型特定業務施設 ·········· 76, 112, 119
移転型特定新規雇用者数 ····· 77, 112, 119
移転型非新規基準雇用者数 ········· 80, 121
移転型非特定新規雇用者数 ·············· 112
移転給与等支給額 ·············· 84, 89, 90

か

外部教育機関 ······························ 63
外部講師等 ································· 62
確定申告書 ································ 102
確定申告書等 ······················ 101, 102
家族（扶養）手当 ························· 42
企業立地促進区域 ··············· 100, 165
期限後申告書 ······························ 102
基準雇用者数 ············ 73, 75, 115, 126
基準日 ······································· 83
キャリアアップ助成金 ···················· 42
休日出勤手当 ······························ 42
給与等の支給額 ··························· 50
給与負担金 ································· 30
教育訓練費
　 ····· 8, 12, 14, 17, 22, 24, 25, 60, 132,
　　 134, 158
業務改善助成金 ··························· 42
緊急雇用安定助成金 ······················ 42
経営力向上計画 ········· 12, 14, 25, 104
経過措置 ································· 109
継続雇用者 ······················· 137, 150
継続雇用者給与等支給額
　 ···· 8, 11, 14, 131, 133, 137, 150, 165

継続雇用者比較給与等支給額
　 ···· 8, 11, 14, 131, 133, 138, 152, 165
決算賞与 ·································· 41
控除対象雇用者給与等支給増加額
　 ········· 6, 11, 15, 22, 25, 56, 71, 101
控除対象新規雇用者給与等支給額
　 ····· 6, 8, 9, 21, 25, 54, 60, 71, 101
更正請求書 ······················· 101, 102
高年齢雇用者 ···························· 115
高年齢被保険者 ························· 39
国内雇用者 ················ 17, 29, 58, 142
国内資産 ································ 155
国内新規雇用者 ·················· 18, 33, 58
国内設備投資額 ············· 8, 131, 154
雇用安定助成金額
　 ····· 17, 18, 19, 21, 37, 50, 54, 58, 59
雇用開始日 ······················· 18, 33, 36
雇用者 ······························· 72, 115
雇用者給与等支給額
　 ····· 8, 10, 11, 14, 19, 21, 24, 25, 48,
　　 50, 59, 131, 133, 137, 145, 165
雇用調整助成金 ························· 42
雇用保険制度 ····················· 39, 142

さ

残業手当 ································ 42
産業雇用安定助成金 ···················· 42
修正申告書 ······················· 101, 102
住宅手当 ································ 42
授業料 ·································· 63
受験手数料 ······························ 63
受験料 ·································· 63
出向先法人 ······························ 30
出向者 ·································· 33

285

出向元 ……………………………………… 33
出向元法人 ……………………………… 30
取得等 …………………………………… 155
職務手当 ………………………………… 42
新型コロナウイルス感染症対応休業支援
　金・給付金 …………………………… 43
新規雇用者給与等支給額
　………………… 7, 18, 23, 37, 38, 58
新規雇用者総数 ………… 79, 111, 116
新規雇用者比較給与等支給額
　…………… 7, 19, 23, 38, 43, 58, 82
親族 ……………………………………… 32
税額控除限度額 ………………………… 10
生計を一にする親族 ………………… 32
税込経理 ………………………………… 157
税抜経理 ………………………………… 157
設立事業年度 ………………… 103, 166
前一年事業年度等 …………… 47, 151
前一年事業年度特定期間 ………… 151
前事業年度等特定期間 …………… 151

た

短期雇用特例被保険者 ……………… 39
短時間労働者及び有期雇用労働者の雇用管
　理の改善等に関する法律 ……… 74, 116
地域再生法 …………………………… 114
地域手当 ………………………………… 42
地方活力向上地域等特定業務施設整備計画
　………………… 73, 110, 114, 126
地方事業所基準雇用者数
　……………… 71, 73, 75, 110, 115
地方事業所特別基準雇用者数 ……… 125
中小企業者 ……………………………… 66
中小企業者等 ………………… 10, 66, 163
中小企業者等税額控除限度額 …… 15, 133
中小企業等経営強化法 …… 12, 14, 25, 104

中小企業比較教育訓練費 ………… 14, 134
中小企業比較教育訓練費の額 ……… 162
中途採用者 ……………………………… 38
調整雇用者給与等支給増加額
　………… 20, 21, 22, 54, 55, 59, 60
調整対象年度 ………… 82, 87, 89, 90, 92
調整前法人税額 ……………… 8, 67, 132
賃金台帳 …… 16, 29, 30, 37, 58, 59, 142
月別移転給与等支給額 ……………… 92
月別給与等支給額 …………………… 83
適用除外事業者 ………………………… 66
適用対象特定業務施設 ………… 73, 115
当期償却費総額 ……………… 8, 131, 157
特殊の関係のある者 ………………… 29
特定求職者雇用開発助成金 ………… 42
特定業務施設 ………………………… 110
特定雇用者 …………………… 74, 112, 116
特定新規雇用者基礎数
　………………… 73, 110, 111, 119
特定新規雇用者数 …… 73, 75, 111, 115
特定新規雇用者等数 ………………… 115

な

内定者等 ………………………………… 61
入社予定者 ……………………………… 61
認定事業者 …………………… 114, 124
農業協同組合等 ………………………… 67

は

比較教育訓練費
　…… 8, 12, 14, 17, 23, 24, 25, 64, 97,
　132
比較教育訓練費の額 ………………… 162
比較雇用者給与等支給額
　…… 8, 10, 11, 14, 20, 21, 24, 25, 51, 53,
　59, 96, 131, 133, 137, 148, 165

索引

非特定新規雇用者数 …………………… 113
避難解除区域等 ………………… 100, 165
日雇労働被保険者 ………………………… 39
復興産業集積区域 ……………… 100, 165
法人税割 …………………………………… 98
他の者 ……………………………………… 37

ま

未経過法人 ………………………………… 83

や

有期労働契約 …………………………… 74
要件適格法人 …………………………… 125
要件適格連結法人 ……………………… 125

ら

連結納税制度 …………………………… 107
連結法人 …………………………………… 36
労働移動支援助成金 …………………… 42
労働契約法 ……………………………… 116
労働者名簿 ………………… 33, 35, 58

所得税編　索引

あ

一般被保険者
　………… 186, 188, 191, 224, 240, 241
移転型特定業務施設 …………………… 272
移転型特定新規雇用者数 … 204, 272, 276
移転型非新規基準雇用者数 ………… 205
移転型非新規雇用者数 ………………… 276

か

各月の給与等の支給を受けた者 ……… 191
確定申告書 ………………………… 277, 278
企業立地促進区域 ……………… 208, 277
基準雇用者数 …………………………… 269
休職 ……………………………………… 191
教育訓練費
　… 175, 178, 184, 196, 209, 215, 217,
　220, 228, 229, 231, 258, 279
業務改善助成金 ………………………… 243
緊急雇用安定助成金 …………………… 244
経営力向上計画 ………………… 178, 219
継続雇用者 ………………………… 190, 191

継続雇用者給与等支給額
　… 175, 177, 182, 184, 190, 193, 208,
　214, 217, 220
継続雇用者比較給与等支給額
　… 175, 177, 182, 184, 193, 208, 214,
　217, 220
原価計算 ………………………… 189, 243
控除対象雇用者給与等支給増加額
　… 213, 221, 228, 254, 255, 277, 278
控除対象新規雇用者給与等支給額
　… 213, 216, 227, 253, 254, 277, 278
更正請求書 ………………… 208, 277, 279
高年齢者等の雇用の安定等に関する法律
　…………………………………………… 191
国内雇用者 ………………… 186, 223, 233
国内資産 ………………………………… 194
国内新規雇用者 ………………… 224, 236
国内設備投資額 …… 175, 193, 195, 214
雇用安定助成金額
　……… 224, 226, 240, 244, 249, 252
雇用開始日 ………………… 224, 236, 239

287

雇用者給与等支給額
　…175, 181, 189, 208, 214, 216, 217,
　　220, 225, 226, 230, 231, 248, 267
雇用者給与等支給額 ······················ 201
雇用調整助成金 ··························· 244
雇用保険制度 ····················· 187, 241
雇用保険法 ························· 191, 244

さ

採用予定者 ································· 259
産休・育休手当 ··························· 191
産業雇用安定助成金 ······················ 244
事業承継 ··································· 206
事業を開始した年分 ······················ 280
事業を廃止 ································· 209
事業を廃止した年分 ······················ 280
修正申告書 ·················· 208, 277, 279
授業料 ······························ 198, 261
受験手数料 ·························· 198, 261
受講料 ······························ 198, 261
出向者 ····································· 189
取得等 ····································· 193
償却費総額 ················· 175, 195, 214
承継事業 ··································· 246
承継事業の相続 ··························· 237
新型コロナウイルス感染症対応休業支援
　金・給付金 ····························· 245
新規雇用者給与等支給額
　················· 213, 214, 224, 229, 240
新規雇用者総数 ······· 202, 205, 275, 276
新規雇用者比較給与等支給額
　····················· 213, 214, 225, 229
税込経理 ··································· 194
税抜経理 ··································· 194
前年に中途採用した者 ···················· 192
総所得金額に係る所得税の額 ··········· 265

相続 ······································· 206

た

短時間労働者及び有期雇用労働者の雇用管
　理の改善等に関する法律 ··········· 270
地方活力向上地域等特定業務施設整備計画
　··· 202
地方事業所基準雇用者数
　············· 202, 205, 267, 269, 275, 276
中小企業等経営強化法 ············· 178, 219
中小企業比較教育訓練費
　··· 178, 184, 200, 207, 209, 220, 263
中小事業者 ············· 177, 200, 216, 264
中小事業者税額控除限度額
　····························· 177, 179, 221
中途採用者 ································· 240
調整雇用者給与等支給増加額
　····················· 226, 228, 253, 254
調整対象年 ·················· 206, 246, 247
調整前事業所得税額
　··· 176, 177, 179, 185, 221, 264, 278
賃金台帳 ········· 186, 190, 223, 233, 234
月別給与等支給額 ····· 206, 246, 247, 248
適用除外 ··································· 209
当年に退職した者 ························· 192
特定業務施設 ····························· 202
特定雇用者 ·························· 202, 269
特定新規雇用者基礎数
　····················· 202, 269, 275, 276
特定新規雇用者数 ·················· 202, 269

は

配当控除 ···························· 214, 217
比較教育訓練費
　··· 176, 199, 207, 209, 215, 217, 220,
　　229, 231, 262, 279

比較雇用者給与等支給額
　…175, 181, 189, 206, 208, 214, 216,
　　217, 220, 226, 230, 231, 250
避難解除区域等……………… 208, 277
復興産業集積区域…………… 208, 277
包括遺贈……………………………… 206

ら

離職者…………………………………… 213
労働契約法……………………………… 270
労働者名簿…………………… 224, 236
労務費………………………… 189, 243

索引

289

［著者紹介］

安井　和彦（やすい　かずひこ）

税理士　昭和 28 年　東京生まれ
東京国税局査察部
東京国税局調査部
東京国税局課税第一部国税訟務官室
税務大学校教授
東京国税不服審判所
　国税副審判官
　国税審判官
　総括審判官
　横浜支所長
平成 26 年 3 月退職　税理士開業
　東京税理士会豊島支部　綱紀監察部長
　東京税理士会　会員相談室　相談委員
　東京地方税理士会　税法研究所　研究員
　日本税務会計学会委員
　東京税理士会豊島支部　会員相談室　相談員

［著書］
『逆転裁判例にみる事実認定・立証責任のポイント』（税務研究会）
『所得税重要事例集』（税務研究会）
『所得拡大促進税制の手引き』（税務経理協会）
『税理士のための審査請求制度の手続と理論』（税務経理協会）
『不動産賃貸の所得税』（税務研究会）
『信託の全景』（税務研究会）

［雑誌連載］
『税と経営』（税経）
　「税経相談室」（月 1 回）
『税経通信』（税務経理協会）
　「課税要件と証拠の論理」

著者との契約により検印省略

平成28年 2 月10日　初 版 発 行	法人税&所得税　まるごと解説！
平成29年11月10日　改訂版発行	**賃上げ促進税制の手引き**
平成30年12月10日　三訂版発行	人材確保等促進税制・所得拡大促進税制
令和 4 年 2 月20日　四訂版発行	［四訂版］

著　　者　安　井　和　彦
発 行 者　大　坪　克　行
印 刷 所　美研プリンティング株式会社
製 本 所　牧製本印刷株式会社

発 行 所　〒161-0033　東京都新宿区
　　　　　下落合2丁目5番13号

株式会社　税 務 経 理 協 会

振替　00190-2-187408
FAX（03）3565-3391

電話（03）3953-3301（編集部）
　　（03）3953-3325（営業部）

URL　http://www.zeikei.co.jp/
乱丁・落丁の場合は，お取替えいたします。

ⓒ　安井 和彦　2022　　　　　　　　　　　　　　　　Printed in Japan

本書の無断複製は著作権法上での例外を除き禁じられています。複製される
場合は，そのつど事前に，出版者著作権管理機構（電話 03-5244-5088，
FAX03-5244-5089，e-mail：info@jcopy.or.jp）の許諾を得てください。

JCOPY ＜出版者著作権管理機構 委託出版物＞

ISBN978－4－419－06852－3　C3032